Esther Bresinski

Durch Kristalle unter Ihren Füßen…

Der Verlag zusammen mit der Autorin geben mit diesem Buch alternative Ratschläge. Wenn Sie diese Informationen ohne Arzt anwenden, so behandeln Sie sich selbst: Ein Recht, das Ihnen genauso zusteht, wie die freie Wahl der Therapie und des Arztes.

Alle Rechte – auch die des auszugsweisen Nachdrucks, der fotomechanischen Wiedergabe, der Übersetzung und der Einspeicherung und Verarbeitung in elektronischen Systemen – vorbehalten.

© Verlag »Die Silberschnur« GmbH
© Fotos: Heinz Unger, Köln

ISBN 3-931652-66-1
Pharma-Zentral-Nr.: PZN 0607512
Europäische Artikel-Nr. EAN 4011375621109

1. Auflage 1999

Covergestaltung: dtp XPresentation, Boppard
Druck: Finidr, s.r.o. Cessky Tesin

Verlag »Die Silberschnur« GmbH · Steinstraße 1 · D-56593 Güllesheim

www.silberschnur.de
e-mail: info@silberschnur.de

Durch
Kristalle
unter Ihren
Füßen

- *Gesund*
- *Schlank*
- *Mental stark*

Esther Bresinski

IIIIIIIIIIIIIIIIIIIII *SILBERSCHNUR* IIIIIIIIIIIIIIIIIIIIIIIII

INHALTSVERZEICHNIS

EINLEITUNG

Wie oft haben Sie sich im Leben vorgenommen, endlich etwas für sich zu tun, für Ihr körperliches und/oder seelisches Wohlbefinden? Zum Beispiel abzunehmen, um sich vitaler, gesünder oder zufriedener zu fühlen? Vorsätze sind eine gute Sache, man konzentriert sich darauf, etwas Bestimmtes zu erreichen. Befriedigung verschafft man sich auf diesem Gebiet allerdings nur, wenn man die Vorsätze auch angeht, erfüllt und die damit verbundenen Ziele erreicht.

Dieses Buch soll Ihnen zeigen, wie Sie mit Hilfe von Edelsteinen - hier Fluorite und anderen - nicht nur Ihr Wohlfühlgewicht finden können, sondern auch ein inneres Gleichgewicht erreichen, das Ihnen Mut macht, noch viele Vorsätze zu treffen und Ziele aufzubauen, die Sie wie ein Bergsteiger nach und nach auch erreichen werden. Ihre Gesundheits- und Seelenpflege ist die erste Stufe auf Ihrer persönlichen Erfolgsleiter. Und es soll Ihnen Spaß machen, sich mit sich selbst zu beschäftigen.

Nehmen wir als Beispiel das Gewichtsproblem: Die Motive abzunehmen sind von Fall zu Fall sehr verschieden. Wäre es ein rein kosmetisches Problem, so würde man wohl, mit Blick auf jeden Menschen, der einem begegnet und der genau die Figur besitzt, die man sich wünscht, durchs Leben gehen und es trotzdem genießen. Neben

9

einer möglichen seelischen Belastung ist das bekannte schwerwiegendere Problem jedoch, daß das Übergewicht so viele gesundheitliche Schäden verursacht, daß bedingt durch manche Krankheiten die Lebensqualität und somit auch die entsprechende Lebensfreude verlorengeht. Und der Gedanke, im Alter auch noch fit zu sein und Spaß zu haben, wird in den »besten Jahren« bereits verworfen. Da bekanntlich alles im Kopf beginnt, fangen Sie schon heute damit an, umzudenken! Denken Sie nicht nur an morgen, sondern stellen Sie sich vor, wie Sie in 20, 30 oder 40 Jahren aussehen und sich fühlen möchten. Mit zunehmendem Alter wird die jugendliche Frische durch Persönlichkeit ersetzt. Kein Mensch kann das Alter aufhalten, aber es wird ihre Persönlichkeit sein, die erhalten bleibt, und die Vitalität Ihres Geistes wird jungen Menschen ein Vorbild sein, Mut machen und neugierig auf die Zukunft. Arbeiten Sie an sich, gönnen Sie sich Aufmerksamkeit, und man wird Ihnen Aufmerksamkeit schenken.

Durch den Erfahrungsaustausch mit Heilpraktiker-Kollegen und der Naturmedizin gegenüber positiv eingestellten Ärzten konnte ich viele Erfahrungswerte aus den letzten Jahren zusammentragen, die ich Ihnen hier vermitteln möchte. Ihr Geist formt Ihren Körper. Im Einssein mit der Natur finden Sie durch die Hilfe der Natur Ihr inneres Gleichgewicht. Nutzen Sie die Energie und Kraft der Steine, denn es heißt, Fluorite kämen aus einer anderen Welt. Neben dem Thema »Abnehmen« finden Sie hier viele Anregungen, wie Sie durch die Steine bei diversen Unpäßlichkeiten oder Krankheiten Ihre Gesundheit wieder herstellen können. Fallbeispiele füge ich ebenso bei.

Vorab noch einige Worte zum Thema Diäten. Sie sind Thema jeder Jahreszeit. Wöchentlich sehen Sie auf den Titelseiten sämtlicher Frauenzeitschriften und Frauenkolumnen das alles beherrschende Problem: die überflüssigen Pfunde, den Weg zur Idealfigur etc. Es rollt noch immer eine Welle von Schlankheits-, Abnehm- und Entschlackungstips durch den bundesdeutschen Zeitschriftenblätterwald. Sie haben 52 Wochen im Jahr die Gelegenheit, mit Hilfe der Zeitschriftenartikel endlich »die« Wunderdiät durchzuführen. Die Tatsache, daß immer wieder neue Mittel und Diäten auf den Markt geworfen werden und die Verbraucher bereit sind, für horrende Summen und manchmal sogar unter Einbuße der Gesundheit auf alle möglichen Versprechen zu hören, zeigt die Bereitschaft vieler, ihre Gewichtsprobleme endlich in den Griff zu bekommen. Allerdings wurde bis heute kaum eine effektive, sinnvolle und dauerhafte Lösung gefunden.

Die Schwierigkeiten und die Problematik aller bisherigen Abnehmstrategien sind allen Betroffenen wohlbekannt: Mittel oder Methoden, die gravierend den Stoffwechsel verändern, führen mitunter auch zu unerwünschten Nebenwirkungen und Begleiterscheinungen und sind deshalb bestenfalls vorübergehend anwendbar. Nach Beendigung der Anwendungszeit stellt sich aber alsbald der ursprüngliche Problemzustand wieder her, weil nur an den Symptomen herumtherapiert wurde, statt das Übel bei der Wurzel zu packen. Daß die Lösung nicht allein aus der Pharma-Industrie erwartet werden kann, mit deren Appetitzüglern oder sonstigen Chemikalien ein - wenn auch meist nur vorübergehendes - Ungleichgewicht im Organismus erzeugt wird, liegt auf der Hand.

Eine echte Lösung kann nur aus ganzheitlich-naturheilkundlicher Sicht entwickelt werden. Zahlreiche Ansätze dazu gibt es ja bereits. Diese Theorien sind ebenso einleuchtend wie überzeugend - aber auch sie scheitern leider nur allzuoft in der Praxis, weil persönliche Voraussetzungen und die Lebensumstände in unserer überzivilisierten Gesellschaft all diesen vernünftigen und einleuchtenden Theorien entgegenwirken: Ernährungsumstellungen erfordern nicht nur ein erhebliches Maß an Selbstdisziplin, sondern auch einen organisatorischen Aufwand, der im Alltagsstreß kaum realisierbar ist. Der Ruf nach mehr Bewegung, nach körperlich-sportlichen Aktivitäten ist sicherlich sinnvoll. Er scheitert jedoch oft an den realen Gegebenheiten und Notwendigkeiten des täglichen Lebens. Ich denke, sinnvoll ist ein ganzheitlich-naturheilkundlicher Ansatz, der einige der bisherigen Lösungsmöglichkeiten und Methoden in sich vereint, für jeden jederzeit praktikabel ist und zudem verträglich und finanzierbar. Die Kristall-Reflex-Therapie (patentiert von der Firma PIUSONA, Adresse im Anhang) stellt Ihre Gesundheit buchstäblich wieder auf die Füße. Sie verbindet die Akupressur, die Fußreflexzonenmassage und die Edelstein-Therapie miteinander und wird durch die Schulung und Verstärkung der mentalen Kräfte ergänzt.

Einige Worte vorab zum praktischen Teil: In einer 45 x 55 cm großen Wanne finden Sie etwa sechs Kilo aus China importierte Fluoritsteine. Alternativ können Sie aber auch »*Win Wings*« benutzen:

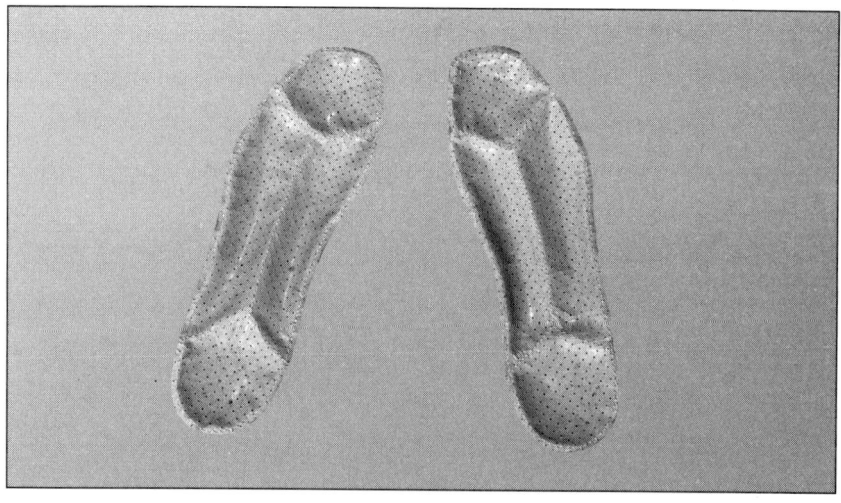

»Win Wings«

»*Win Wings*« sind Einlegesohlen mit Edelsteinfüllung. Das Obermaterial besteht aus echtem Leder, die Füllung aus Fluorit-Edelsteinen und die Sohle aus *EVA-Leicht Poro*. »*Win Wings*« sind in der Größe 37/38, 39/40, 41/42, 43/44 und 45/46 erhältlich. Spezialgrößen auf Anfrage. Wie Sie die »*Wing Wings*« benutzen ist im Schlußkapitel beschrieben.

Auf diesen Steinen gehen Sie zwei- bis dreimal täglich - anfangs nur für ein paar Minuten zur Eingewöhnung, danach bis zu dreimal täglich jeweils zehn Minuten lang. Dies läßt sich mühelos während des Zähneputzens, also mal »nebenher« oder auch zwischendurch praktizieren, es geht notfalls auch im Sitzen oder auch abends beim Fernsehen, die Wirkung ist dann allerdings geringer. Die Kristalltherapie ist nicht körperlich anstrengend und schweißtreibend (was viele Menschen mit Übergewicht scheuen) und für jeden erschwinglich. Es ist eine einmalige Anschaffung, an der Sie viele Jahre Freude haben werden.

Die Wartung ist ebenso einfach wie die Anwendung: Vor der Erstbenutzung sollten die Steine unter fließendem Wasser gespült und anschließend zum »Aufladen« im Freien aufgestellt werden: Sonnen- und Mondenergie laden die Steine energetisch auf. Jeder Anwender wird selbst die Erfahrung machen, daß diese Steine nach einer solchen Reinigung - und erst recht nach dem Wiederaufladen - eine stärkere, intensivere Wirkung haben.

Über die Akupressur der Fußreflexzonen wird der gesamte Organismus aktiviert, stimuliert und vitalisiert. Blutkreislauf und Stoffwechsel werden auf natürlichem Weg dazu angeregt, ihre Funktionen auszuüben. Damit sind von vornherein unerwünschte Nebenwirkungen und Begleiterscheinungen ausgeschlossen, wie man sie von sonstigen Abnehmstrategien her kennt. Durch die Aktivierung sämtlicher Verdauungsvorgänge erfolgt eine verbesserte Nährstoffauswertung,

Antonia Langsdorf beim Kristallwannengehen

die ihrerseits auf natürlichem Weg ein übertriebenes, unnatürliches Hungergefühl beseitigt.

Der regenerierte Stoffwechsel verändert die gesamte Körperchemie: Er sorgt auf natürlichem Weg dafür, daß sich Hungergefühl und Eßgewohnheiten normalisieren und eine umfassende Entgiftung und Entschlackung des gesamten Organismus eingeleitet wird. Dieser Effekt wird durch die Auswahl der Steine nach ihrer spezifischen Wirkung noch erheblich verstärkt. Der Fluorit wurde beispielsweise gewählt, weil er sowohl auf der körperlichen als auch auf der geistig-seelischen Ebene optimal geeignet ist, tiefgreifende Veränderungen herbeizuführen. Als »Stein des Genies« in Esoterikerkreisen bekannt, der physische und psychische Blockaden gleichermaßen löst, der kräftigend und harmonisierend auf unsere geistig-mentalen und seelischen Fähigkeiten einwirkt, der dem Körper hilft, alle wichtigen Nährstoffe (Mineralien und Spurenelemente) aus der Nahrung aufzunehmen und zu assimilieren, stärkt er Konzentration und Verantwortungsgefühl (auch für sich selbst) ebenso wie den gesamten Stoffwechsel, den Kreislauf und das Atemsystem (schon bei Erstbenutzung wurde bei nahezu allen Anwendern eine deutliche Verbesserung der Atmung beobachtet). Damit bietet die Kristall-Reflex-Therapie ungeahnte Möglichkeiten bei Zivilisationskrankheiten, Erschöpfungszuständen, Schwächen des Immunsystems und psychosomatischen Beschwerden.

Aufgrund der in der Naturheilkunde bekannten möglichen Erstverschlimmerungen ist Vorsicht geboten bei organischen Herzerkrankungen, Schwangerschaft, nach Operationen und bei akuten Infektionen. Im Hinblick auf Gewichtsreduzierung ist es wichtig,

Antonia Langsdorf beim Edelsteinwassertrinken

15

die Kristall-Reflex-Therapie durch das Trinken von etwa zwei Litern Edelsteinwasser, wie später ausführlich beschrieben wird, zu ergänzen. Hierzu wird mit der Fluoritwanne eine fertige Steinmischung angeboten, die in ihren Auswirkungen die Gewichtsnormalisierung optimal ergänzt: Fünf Fluorite in verschiedenen Regenbogenfarben (der Fluorit ist einer der wenigen Steine, der in allen Regenbogenfarben vorkommt, und ist damit sowohl für die gesamte Farbtherapie als auch für eine spezielle Aktivierung des Immunsystems bestens geeignet, zumal er aufgrund seiner Pyramidenform seine vielschichtigen Wirkungen noch durch die »Pyramidenkraft« verstärkt), drei echte Magnesite (sie wirken entgiftend und entwässernd und gleichzeitig kräftigend auf alle inneren Organe und sind seit jeher ideale »Abnehm-Steine«), zwei Rote Jaspise, die vor allem auf die Organe der Bauchhöhle und alle hormonellen Steuerungsvorgänge vitalisierend und harmonisierend wirken, und drei klare, reine Bergkristalle, die - als universelle Heilsteine dem Fluorit ähnlich - den Gesamtprozeß verstärken. Da sowohl die Kristall-Reflex-Therapie allein als auch das Trinken eines derartigen Edelsteinwassers bereits eine deutliche Gewichtsreduzierung und -normalisierung bewirken, ist es einleuchtend, daß beide Methoden zusammen eindrucksvolle Ergebnisse aufzuweisen haben.

FÜSSE

Man sagt, daß der Mensch durch das »Sich-Aufrichten« auf zwei Beinen für die Weiterentwicklung seines Gehirns gesorgt habe. Durch den Druck des ganzen Körpergewichts auf die Fußsohlen wurden die Reflexzonen extrem stimuliert. So brachte der aufrecht gehende Mensch mehr Reflexreize in sein Gehirn, und die geistige Entwicklung wurde beschleunigt: Der Mensch nahm über die Füße Informationen auf, die codiert und gespeichert wurden. In der Vergangenheit prägte sich auch ein, daß beim Gehen ohne Schuhwerk die Füße hin und wieder auf spitzen, kühlen oder gar heißen Steinen oder Böden gingen. Schon lange hat der Mensch durch das Schuhwerk den Kontakt seiner Füße zur Erde verloren. Mit der Kristall-Reflex-Therapie wird nun das Barfußlaufen wieder erinnert. Uralte Information taucht auf und vermittelt Wohlgefühl durch die Massage der Reflexzonen.

STEINE IN DER GESCHICHTE DER MENSCHHEIT

Steine haben schon immer die Menschheit fasziniert. Durch sie hat der Mensch Gesundheit, Arbeit und Sicherheit. Der Stein bietet dem Menschen seit Jahrtausenden in ungezählten Branchen sichere und abwechslungsreiche Berufe, er fördert seine Phantasie und Kreativität. Die Gesundheitsbranche verwendet vielfach Mineralien wie Fluor, Magnesium, Calcium, Kieselerde etc. aus dem Steinvorkommen. Bäume und Pflanzen entziehen der Erde ihre Mineralien und ernähren wiederum den Menschen und die Tierwelt. Ohne Mineralien wäre Leben kaum möglich, weil der pflanzliche, tierische und menschliche Organismus auf sie angewiesen ist.

Bereits in prähistorischer Zeit hatten Steine eine große Bedeutung. Unsere Vorfahren suchten Zuflucht und Schutz gegen fleischfressende Tiere in Felshöhlen. In diesen Höhlen brannte konstant ein Feuer, das durch das Reiben von zwei Steinen mit Hilfe von Stroh entfacht und durch Steine begrenzt wurde. Heute sichert sich der Mensch dank der »Zivilisation« sein Feuer in seiner heutigen »Felshöhle« am gemütlichen Kamin oder Kachelofen. Erhitzte Steine sind sehr angenehm: Früher pflegte man im Winter das Bett mit einem heißen Ziegelstein vorzuwärmen, heute genießen wir die Wärme erhitzter Steine zum Beispiel in der Sauna.

Steine vermögen Wärme, aber auch mentale Energie zu speichern und abzugeben. Wenn ein Mensch stirbt, empfiehlt es sich, seine hinterlassenen Schmuckstücke unter fließendem Wasser zu »entladen«. Denn mitunter gibt der Verstorbene, der vielleicht jahrelang an einer Krankheit litt, mit seinem Schmuck die Informationen seiner Persönlichkeit, Eigenarten und Krankheitsbilder weiter. Sie sollten auf dem geerbten Schmuck unbedingt gelöscht werden. Wie oft hört man zum Beispiel die Worte, »Meine Tante, von der ich diesen wunderschönen Ring habe, hatte bereits diese oder jene Krankheit, jetzt fängt es bei mir auch an...«.

Steine haben geheimnisvolle Kräfte, sie haben große Bedeutung in Mythen und Religionen. In Lourdes zum Beispiel erschien die Muttergottes der kleinen Schafhirtin Bernadette Soubirous in einer Steinhöhle und forderte sie auf, nach einer Quelle zu graben. Da Wasser viele Kilometer weit durch und über Millionen Jahre altes Gestein fließt, reichert es sich kontinuierlich mit den jeweiligen Mineralien an. So mancher Pilger erfuhr in Lourdes allein durch das mehrmalige Trinken oder gar Baden in diesem eiskalten Steinwasser eine Spontanheilung insbesondere durch die Zufuhr der seinem Organismus fehlenden Mineralien. Heute empfehlen Ärzte den Patienten in Krankenhäusern bevorzugt Stilles Wasser aus Heilquellen, da es zusammen mit den Mineralien aus dem Erdreich die Gesundung beschleunigt. Es gibt unzählige kraftvolle Orte wie Lourdes auf der Erde.

Die Kelten, Wikinger und viele andere Kulturen pflegten ihre Kultplätze mit Steinen zu markieren und deren Kraft mit rituellen Gebeten und Gesängen zu potenzieren. Die Pyramiden der Ägypter wurden als Pharaonengräber aus tonnenschweren, quadratischen Steinen gebaut, und wenn der Mond in einer bestimmten Gestirnkonstellation bestimmte Stellen anstrahlt, so wirken sich die Kräfte der Pyramiden verstärkt auf die Erde aus. Die Geschichte der Welt soll vom Anfang bis zu ihrem Ende auf den Wänden der Pyramiden aufgezeichnet sein. Je nach Reichtum, Glaube und Kultur wurden wahre Steinmonumente auf den Gräbern errichtet. Man denke z.B. an die Gräber der ägyptischen Pharaonin Hatschepsut und das Taj Mahal in Indien. Die Könige von Aragon in Nordspanien wurden in einem Kloster beerdigt, das sich unter einem riesigen Felsen befindet. In diesem Kloster in San Juan de la Peña, heute ein Ausflugsort in den Ausläufern der Pyrenäen, soll auch der Heilige Gral gefunden worden sein, der in Valencia zu besichtigen ist.

Kirchen oder Gebetshäuser aller Kulturen werden aus Stein gebaut. Über die spitzen Formen des Gebäudes fließen die unterschiedlichen kosmischen Energien ins Innere. Bei allen alten Kirchen sehen wir Spitzen gen Himmel ragen. Sie wirken als kosmische Antennen. Steinskulpturen von Dämonen befinden sich außen an Kathedralen usw., um das Gebäude gegen negative oder gar dämonische Energien zu schützen. Und wenn ein sensitiver Mensch sich in einer Kirche aufhält, so vermag er die Qualität der Energien zu spüren. Es entsteht das Gefühl eines leichten, angenehmen Schwindels. Besonders in alten Kirchen befinden sich regenerierende und heilende Energien.

Es ist wissenschaftlich erwiesen, daß alte Menschen, die regelmäßig in die Kirche gehen, länger leben, vital bleiben und geselliger sind. Durch Gebete und körperliche Übungen wie Hinsetzen, Knien, Klopfen auf die Thymusdrüse – ähnlich wie bei Mantras – werden gute und heilende Energien freigesetzt, die jeder in sich aufnehmen kann. Allein durch das Aussprechen des Vaterunsers befinden sich die Schwingungen des Körpers in Harmonie und

Gleichgewicht. Jahrhundertealte Rituale und Gesänge sowie Worte, Gedanken und Wünsche, die in Kirchen gesungen, gedacht und ausgesprochen wurden, energetisierten die Steine dieser »heiligen Orte« und schenkten den Menschen die Inspirationen, die sie für ihren jeweiligen Entwicklungsstand benötigten.

Besonders sensitive Menschen können Steine lesen und die Qualität ihrer Energie bestimmen. Umgekehrt kann mit Hilfe der Steine der energetische (Bewußtseins-)Zustand eines Menschen ermittelt und bei Bedarf harmonisiert werden. »Wahrsager« zum Beispiel können, im Stadium höchster Konzentration, aus der Bergkristallkugel oder anderen Steinkugeln in der «Akasha-Chronik» lesen, die die wichtigsten Lebensthemen eines Fragestellers aus der Vergangenheit, Gegenwart und Zukunft offenlegt. Ich weiß von einer hell- und aurasichtigen Dame, die ein kleines Steingeschäft betreibt und den Käufern den für sie richtigen Stein mit auf den weiteren Lebensweg gibt. Vor der Übergabe verstärkt sie seine Wirkung durch Reiben, mentale Energie und viele gute Wünsche für das weitere Lebensthema des Kunden. Die Leute kommen von überall zu ihr.

Seit einigen Jahren versuchen Geomantiker wie Marko Pogacnik mit Hilfe von Lithopunktur Erdheilungen durchzuführen: Mannshohe, mit Symbolen versehene Steine werden in der freien Natur, in Parks und Gärten und an bestimmten Plätzen aufgestellt, um Landschaften zu regenerieren und zu heilen. Die Steine wirken dabei auf blockierte Energiebahnen der Erde ähnlich wie Akupunkturnadeln auf den Menschen.

Die Kristall-Reflex-Therapie:

WOFÜR - WOGEGEN?

Bereits nach der ersten Anwendung spürt meist jeder die Wirkung. Eine wohlige Wärme steigt von den Füßen zum Kopf auf und vermittelt ein angenehmes Körpergefühl. In den Beinen wird ein wohltuendes Kribbeln bemerkt, das noch längere Zeit nach der Anwendung anhält. Die Durchblutung in den Beinen wird angenehm angeregt.

BEHANDLUNGSGEBIETE

Die Kristall-Reflex-Therapie erzielte nachweislich Erfolge bei Akne vulgaris, Kopfschmerzen nach Alkoholexzessen, Allergien, Appetitlosigkeit, Bettnässen, Beinbeschwerden, Bronchitis, CFS-Syndrom (Schlafkrankheit), Darmpilzen, Darmbeschwerden, Fischschuppenkrankheit (Ichtyosis-vulgaris), kalten Füßen, Kreislaufbeschwerden, Leberfunktionsstörungen, Migräne, Nervosität, offenen Beinen, plötzlichem Energieverlust, Rheuma, psychischen Störungen, Psoriasis, Verdauungsstörungen, Obstipation, Roemheld-Syndrom, Völlegefühl, Wadenkrämpfen, Zuckerkrankheit.

Auch für Kinder ist die Kristall-Reflex-Therapie geeignet, sie verstärkt die Konzentrationsfähigkeit und das Wachstum. Besonders

Kinder, die eher intuitiv als rational denken, sind erfahrungsgemäß von der Kristall-Reflex-Therapie begeistert. Man kann beobachten, daß sie von Steinen fasziniert sind und diese eine fast magische Anziehungskraft auf sie ausüben. Bei schulischen Problemen oder in Situationen, in denen Konzentration, Durchhaltevermögen und enorme Leistungen verlangt werden, hat sich die Kristall-Reflex-Therapie sowie das Trinken von Edelsteinwasser besonders bewährt.

Die Kristall-Reflex-Therapie wird als Selbstbehandlung durchgeführt. Auch für Nichtsportler ist sie optimal geeignet. Sie können am Anfang morgens und abends je zwei Minuten einplanen und die Behandlung dann kontinuierlich steigern. Rollstuhlfahrer haben die Möglichkeit, die Therapie mit den Händen auszuführen, denn in unseren Händen sind die Akupressurpunkte ähnlich wie auf unseren Fußsohlen angeordnet, allerdings nicht so ausgeprägt. Der geringe Unterschied in der Wirkung läßt sich aber durch eine Verlängerung der Anwendungszeit ausgleichen.

KONTRAINDIKATION

So wertvoll die Kristall-Reflex-Therapie auch ist, in folgenden Fällen sollte und darf sie nicht angewendet werden:

• Bei Beschwerden an den Füßen selbst, z.B. Ausschlägen, gichtischen Schwellungen, offenen Verletzungen, Verbrennungen, starkem Fußpilz.
• Bei schwangeren Frauen und kleinen Kindern.
• Bei sehr alten Menschen, es sei denn, sie haben bereits als wohltuend empfundene Fußreflexzonenmassagen erhalten.

• Bei ansteckenden Krankheiten (für den Fall, daß zum Beispiel Familienmitglieder die Kristall-Reflex-Therapie mit anwenden).

ANMERKUNGEN VON HEILKUNDIGEN

Bericht von Herrn Albert Wynands, Leiter einer operativen Abteilung im Marienhospital in Aachen:

Ich arbeite seit mehr als vier Jahren mit der Reflexzonenmassage und der Kristall-Reflex-Therapie. Ich möchte nun die Möglichkeit wahrnehmen, Ihnen ihre Wirkungsweise zu erläutern.

Zunächst zu den Fußreflexzonen. Ihre Einteilung geht auf Erkenntnisse medizinischer Gelehrter im alten Indien sowie in China zurück.

Der menschliche Fuß wird in drei große Bereiche unterteilt, und zwar in Vorfuß, Mittelfuß und Verse. Im vorderen Bereich, in der sogenannten «Schulterlinie«, befinden sich die Reflexzonenpunkte des gesamten Kopfbereiches, des Nackens sowie der Halswirbelsäule. Im mittleren Bereich, auch «Zwerchfellinie« genannt, befinden sich die Reflexzonenpunkte sämtlicher inneren Organe wie z.B. Leber, Nieren, Herz und Bauchspeicheldrüse sowie die Reflexzonenpunkte der Brustwirbelsäule. Im hinteren Teil des Fußes, in der «Fersenlinie«, befinden sich die Reflexzonenpunkte des Dünndarmes, des Dickdarmes sowie des Lendenwirbelbereiches.

Auf dem folgenden Bild sehen Sie deutlich, wie sich der menschliche Körper in unseren Fußsohlen widerspiegelt, deshalb sagen wir:

»DIE GESUNDHEIT BEGINNT AN UNSEREN FÜSSEN«

Der Mensch im Fuß

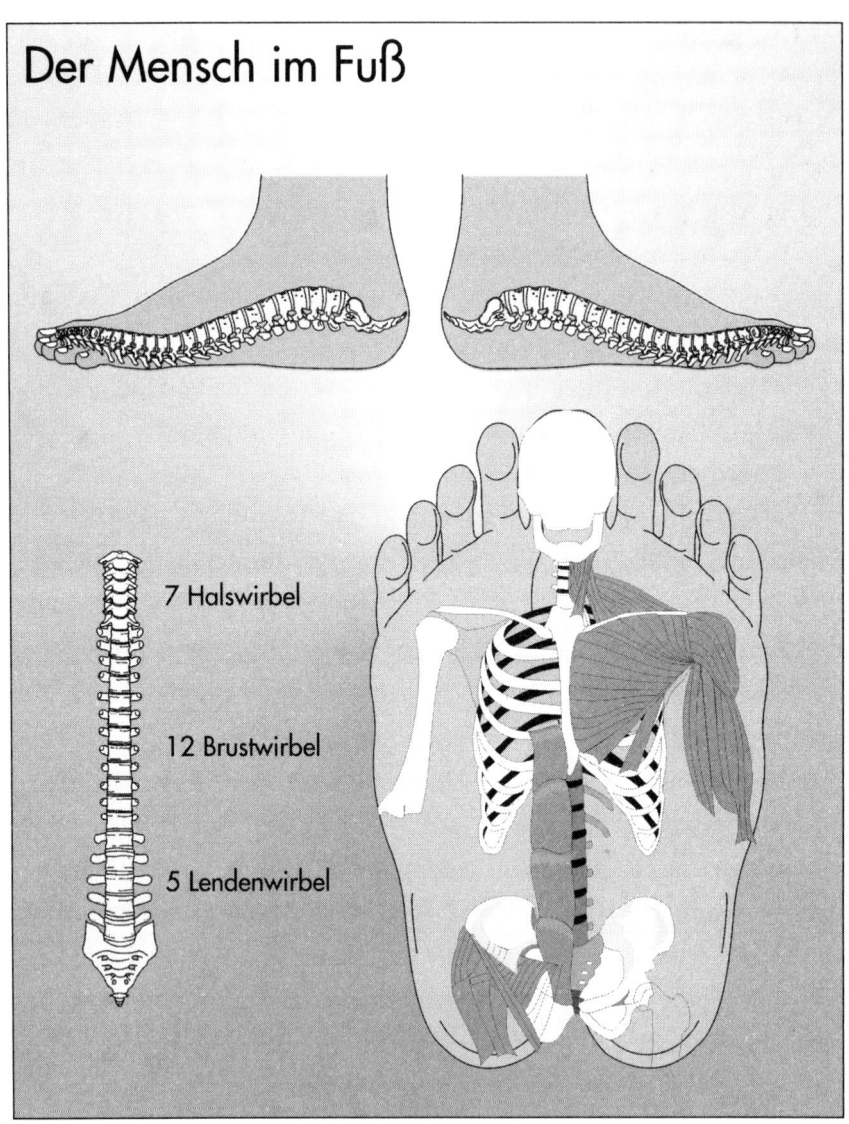

7 Halswirbel

12 Brustwirbel

5 Lendenwirbel

Durch das regelmäßige Gehen auf den Akupressursteinen werden von unseren Fußsohlen aus Impulse an alle Organe und Strukturen in unserem Körper abgegeben, um diese zur besseren Funktion anzuregen. Dazu möchte ich einige Beispiele beschreiben:

1. Verdauungsstörungen

Da nahezu 70 Prozent der Bevölkerung mit Verdauungsproblemen zu tun haben, scheint mir dies der Punkt, der als erster und wichtigster aufgegriffen werden muß.

Der Dickdarm ist ein etwa zwei Meter langer Bestandteil des Verdauungstraktes. Er arbeitet nur, wenn ihm ein Nahrungsmittelangebot vorliegt. Durch das Gehen auf den Kristall-Reflex-Therapie-Steinen wird die wellenförmige Peristaltik des Dickdarmes angeregt oder verstärkt, wodurch der Nahrungsbrei besser transportiert werden kann. Daraus resultiert zum einen eine bessere Stoffwechselfunktion und zum anderen kann eine gezielte, kontrollierte Gewichtsreduktion vorgenommen werden.

2. Durchblutungsstörungen

Durchblutungsstörungen können nicht nur an den Beinen auftreten, wo sie als unschöne oder auch schmerzhafte Krampfadern zu sehen oder zu spüren sind, sondern auch am Herzen, wo sie letztendlich zum Herzinfarkt führen können, außerdem im Gehirn, wo sie die Ursache für Schlaganfall sein können. Die Kristall-Reflex-Therapie kann bei regelmäßiger Anwendung diesen Durchblutungsstörungen vorbeugen oder sie beseitigen. Schon unsere frühen Gelehrten sagten:

»DURCHBLUTUNG IST LEBEN«

Einen weiteren positiven Effekt stellen wir hinsichtlich der Leber fest. Die bessere Durchblutung im Körper wirkt sich auch hier aus.

Es erfolgt eine bessere Entgiftung im gesamten Organismus. Wie in der Leber findet auch im Gehirn eine bessere Durchblutung statt, woraus eine erhöhte Leistungs- und Konzentrationsfähigkeit resultiert, die insbesondere bei Kindern eine große Rolle spielt.

3. Diabetes

In den ß-Zellen der Langerhan'schen Inseln der Bauspeicheldrüse wird das Hormon Insulin gebildet. Es dient dazu, den Blutzuckerspiegel auf einem gleichbleibenden Niveau zu halten. Wird dieses Hormon nicht mehr produziert, so spricht man vom »Diabetes mellitus« oder auch von der »Zuckerkrankheit«. Allerdings können durch das regelmäßige Gehen auf den Fluorit-Mineralsteinen noch vorhandene Restzellen reaktiviert werden, um die Produktion des Insulins wieder aufzunehmen.

Auf dem folgenden Bild werden nochmals deutlich die drei großen Bereiche im menschlichen Fuß gezeigt, auf die sich nahezu 72.000 Reflexzonenpunkte verteilen. Alle Reflexzonenpunkte werden gleichzeitig durch das Betreten der Fluorit-Mineralsteine angeregt.

Aus der Praxis des Dr. med. Arno Heinen, Simmerath:

Ein Wort vorab zur Ermutigung: 10 Minuten »Steinegehen« bringt den Effekt von 20 Minuten Joggen.

Wir alle beobachten an uns selbst oder in unserem Verwandten- und Freundeskreis eine Zunahme folgender Symptome bzw. Beschwerden:

26

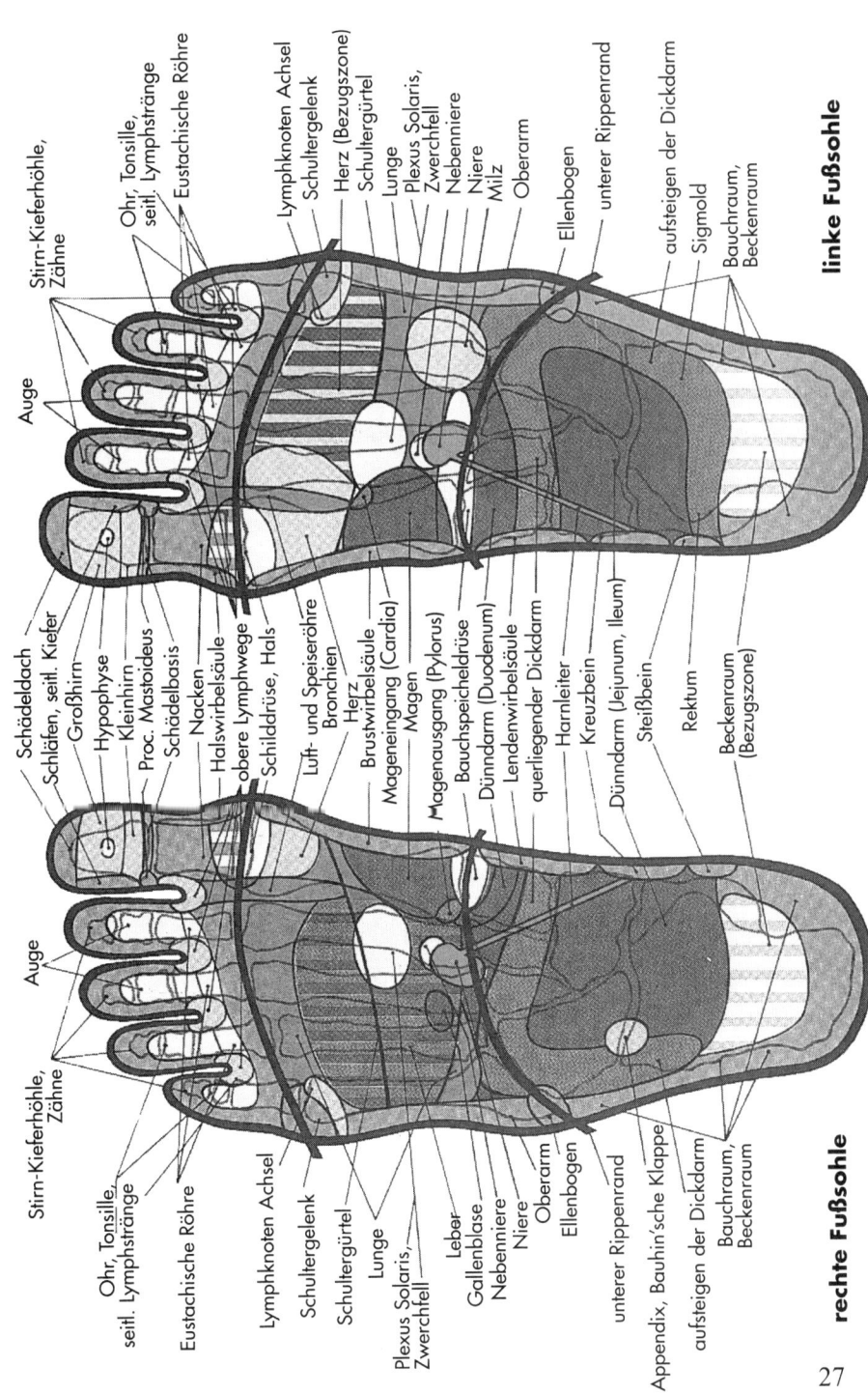

27

Muskelschmerz und -schwäche, Angst, Schlafstörungen, Kopfschmerzen, Steifheit, trockener Mund und Augen, Nachtschweiß,
Schwellung der Lider, schmerzhafte Lymphknoten, Unruhe, Depression,
Gedächtnisschwäche, Gereiztheit, Vergeßlichkeit, Nervosität, Migräne,
Herzrhythmusstörungen, Hyper- und Hypotonie, Verminderung der
Merk- und Erinnerungsfähigkeit, Reizbarkeit, Streitsucht, unangenehme Sensibilitätserhöhung der Gehörorgane, Krampfanfälle, krankhafte Schläfrigkeit, Verminderung des Antriebs, Wehleidigkeit, Sti-
che in der Herzgegend, Herzklopfen, Händezittern, verstärkte Hunger-
gefühle.

Daß dahinter ein pathologisches Energiedefizit steht, das auf verschiedene Organebenen wirkt, spürt zwar jeder von Ihnen selbst, es
wird aber meist nicht erwähnt, da nur selten Auswirkungen und Ursachen des Energiedefizits als solche vom Arzt erkannt und näher
untersucht werden. Im Gegenteil, sämtliche Untersuchungen, die der
Arzt zu diesen unterschiedlichen Ereignissymptomen macht, sind
meist unauffällig und damit »sollten Sie eigentlich gesund sein«. Die
Frage, die in der Regel Ihrerseits folgt, ist: »Ist es dann Übernervo-
sität oder psychisch bedingt?«

Auf diese Frage kann im Zusammenhang mit dem pathologischen
Energiedefizit uneingeschränkt mit »Ja« geantwortet werden. Jedoch
unter einem neuen Verständnis: Denn über einen Wirkmechanismus,
wonach schwache Reize infolge des Energiemangels eine Aktion in
Gang setzen, die ohne Energiemangel keine Chance hätte, wird klar,
was in der Medizin »Nervosität« heißt. »Nervös« sein heißt in vielen
Fällen schlicht: Mangel an Energie haben. Nervenfasern mit Energiemangel reagieren empfindlicher, erregen sich aufgrund von Rei-
zen, die früher vielleicht ohne Wirkung waren. Wir sind empfindlicher gegenüber Geräuschen, Licht und Schmerz und unruhiger. Wir
regen uns schneller auf, wir sind schrecklich unkonzentriert, da unser

Nervensystem neuerdings viel mehr Information verarbeiten muß. Diese Mehrarbeit kostet wieder mehr Energie. Da sie nicht ausreichend aufgetankt werden kann, verschlimmern sich die Zustände.

Für unser vegetatives Nervensystem bedeutet Energiemangel, daß die Regelkreise und Reflexe labiler werden, sie schießen oftmals über die zu regelnden Werte hinaus. Die Folgen sind: Schwindelgefühle, Verdauungsstörungen, Blutdruckabfall oder das Gegenteil: spontaner Bluthochdruck, übermäßige Hormonausschüttung mit allen nachteiligen Folgen. Für die Muskelzellen bedeutet Energiemangel Kontraktion und Spasmus - auch der Blutgefäße. So wird leicht die Versorgung der Nackenmuskulatur durch Anspannung verschlechtert, mit der Folge, daß die Nackenmuskulatur noch stärker kontrahiert und ihre eigenen Blutversorgungsgefäße abdrückt. Das Ende dieser Selbstverstärkungskaskade ist Zelltod und Entzündung. Derartige Funktionsänderungen äußern sich in unserem Bewußtsein, indem zunehmend Sensationen und Ausfälle wie Herzstolpern, Sehstörungen und sehr viele weitere Störungen, individuell verschieden, in unterschiedlicher Stärke an verschiedenen Stellen des Körpers auftreten.

Die alltäglichen Ursachen zur Bildung dieses pathologischen Energiedefizites sind:

- Schadstoffe, die durch Einatmen der Luft in unsere Lunge eindringen und damit verhindern, daß genügend Sauerstoff-Moleküle pro Zeiteinheit in unser Blut gelangen.
- Die Abnahme des Sauerstoffpartialdruckes in der Luft, da immer mehr Industrie um uns herum Sauerstoff verbraucht und auf der anderen Seite Pflanzen zugrundegehen, die Sauerstoff produzieren würden.

- Behinderung des Sauerstofftransportes im Blut durch Kohlenmonoxyd infolge der vielbefahrenen Stadtkerne, Autobahn und Stau.
- Mangelhafter Sauerstoff-Transport im Blut infolge der Nitrate, die wir zunehmend mit der Nahrung aufnehmen und die das Eisen verändern, das eigentlich den Sauerstoff im roten Blutfarbstoff bindet. Bei zuwenig gebundenem Sauerstoff im Blut nimmt die Menge an roten Blutkörperchen zu und verstopft die Blutgefäße.
- Streß und damit Freisetzung von Adrenalin und Noradrenalin, wodurch Gefäße wieder eng gestellt werden und in der Zelle Energiemangel entsteht.
- Schilddrüse, die zu überhöhter Hormonausschüttung angeregt wird und in allen Zellen Sauerstoffmangel bewirkt.
- Schwermetalle, die viele Enzyme in ihren Aufgaben behindern. Enzyme sind aber die Hauptakteure aller Vorgänge des Stoffwechsels, der Energiegewinnung, der Atmung, des Wachstums, der Bewegung, der Vermehrung, der Reizbarkeit, letzlich sind sie an allen Merkmalen des Lebens beteiligt.
- Steigerung der Freien Radikale, die somit wichtige Stoffwechselvorgänge in der Zelle verhindern und an fast allen heute verbreiteten Krankheiten beteiligt sind.
- Fehlende Antioxidantien wie das Vitamin A,E,C und/oder Provitamin A sowie das Mineral Selen, die eine Überschwemmung des Körpers mit Radikalen verhindern könnten.
- Magnesiummangel im Körper durch einseitige künstliche Düngung des Gemüses oder durch Alkoholkonsum fördert die Anspannung.
- Vitaminmangel im Bereich der B-Gruppe führt zu Störungen im Bereich des Nervensystems und der Zelle, wobei insbesondere das Vitamin B2 eine zentrale Rolle bei der Energiebildung in der Zelle spielt.

Für die Behandlung dieses pathologischen Energiedefizits bietet sich die Kristall-Reflex-Therapie zusammen mit dem Edelsteinwasser als umfassende Möglichkeit. Ausreichende Bewegung in Kombination mit der Akupressur durch die Steine hat verschiedene Wirkungen auf den Körper:

1. Die Energetisierung der Zelle
2. Die Leistungssteigerung von Herz und Lunge
3. Die funktionellen Herzbeschwerden lassen nach (nach etwa zwei Wochen)
4. Der Kreislauf wird unterstützt, da bei der Bewegung das Venenblut nicht mehr versackt, sondern entgegen der Schwerkraft aus den untersten Körperteilen zum Herz getrieben wird (durch Kontraktion der Beinmuskeln).
5. Auch das Lymphgefäßsystem erhält durch die Bewegung eine ausreichende Drainage, und marode gewordene Beingefäße können sich wieder erholen.
6. Die kapillaren Blutgefäße der Muskulatur werden besser durchströmt, weil die unter Bewegung jetzt arbeitende Zelle Stoffwechselprodukte absondert.
7. Der Blutzuckerspiegel im Blut bleibt auf einem ausgeglichenen Niveau und ist nicht wie bei Bewegungsmangel mal zu hoch und mal zu tief.
8. Das Enzym Lipoprotein-Lipase zum Abbau der Fett-Transporter im Blut wird stimuliert, wodurch automatisch HDL steigt. Die Harnsäurewerte sinken, da die Niere leichter Laktat ausscheidet. Bei größerer Belastung des Körpers werden im Muskel bevorzugt Fettsäuren verbrannt.
9. Die roten Blutkörperchen werden wegen fehlender Verzuckerung und fehlendem Angriff durch Fette biegsamer

und gleiten dadurch besser durch die kleinsten Gefäßkaliber. Gefäßverstopfung und -schlammbildung wird somit verhindert. Die Blutplättchen heften sich weniger leicht und weniger oft an die Gefäßwände an.

10. Bei körperlicher Arbeit wird vermehrt Wachstumshormon ausgeschüttet. Dadurch können verletzte Arterien, Innenwände und Zellen des ganzen Körpers repariert werden.

11. Blutgefäße, die wechselweise beansprucht und entlastet werden, bewahren ihre Elastizität. Ohne diese Elastizität können sich Krampfadern und Entzündungen entwickeln.

12. Die Leber hat unter sportlichem Training erhöhte Oxidationskapazität und kann mehr Laktat aus dem Blut aufnehmen.

13. Das Enzym Laktat-Dehydrogenase (LDH) nimmt mengenmäßig zu, dadurch wird Laktat schneller abgebaut. Laktatbedingte Funktionsstörungen wie Extrasystolen des Herzens, Angstauslösung, Verkrampfung werden deutlich gemildert.

14. Bewegung aktiviert die körpereigenen Abwehrkräfte, insbesondere in den Schleimhäuten der Atemwege. Die Zahl der Lymphozyten - die Körperpolizei - steigt.

15. Die Körpertemperatur steigt unter Anstrengung unter Umständen auf mehr als 40 Grad lokal an: Dadurch können Tumorzellen in sich zerfallen, es entsteht das Protein Pyrogen, das sich auch bei natürlichem Fieber bildet. Es schützt gegen Infektionen und bekämpft Bakterien und Viren.

16. Im Sitzen werden 250 ccm Sauerstoff pro Minute aufgenommen, bei Bewegung das Drei- bis Vierfache, also mehr als 750 ccm, beim Joggen mehr als 4000 ccm. Mit wachsendem Sauerstoffgehalt im Blut normalisiert sich die Ausschüttung des katabolen Hormons Cortisol, der Gehalt an Fibrinogen, der das Blut verdickt. Die Fließeigenschaft des

Blutes bessert sich wieder, der hohe Sauerstoffdruck verdrängt teilweise das Gift Kohlenmonoxyd aus dem Blut.

17. Gelenke, die durch Bewegung genutzt werden, verschleißen weniger schnell, der Knorpel wird nicht über Blutgefäße versorgt, sondern mit Hilfe von Gelenkschmiere.

18. Knochen, die belastet werden, verstärken ihre Struktur über piezoelektrische Ströme. Dadurch brechen sie schwerer, außerdem lagern sie mehr Kalksalze ein und werden härter.

19. Die Wirbelsäule braucht ein kräftiges Muskelkorsett, um die richtige Haltung des Skeletts zu gewährleisten. Bei schlechter Haltung ist die Atmung verschlechtert, es kommt zu Verkrampfungen im Rücken und Nacken mit Auswirkung auf die Versorgung des Kopfbereiches. Bewegung steuert dem entgegen.

20. Auch die Psyche erfährt nur Positives durch körperliche Aktivität. Der energieaufbauende Teilnerv des Vegetativums, der Parasympathikus, ist nach der Arbeitsleistung aktiviert. Die morphiumähnlichen Hormone Endorphin und Enkephalin werden während der Belastung um das Zehn- bis Fünfzehnfache gegenüber der Ruhestellung ausgeschüttet. Das kann ein fast süchtigmachendes Wohlgefühl bewirken.

21. Bewegung gleicht die Zyklusphasen der Frau aus. Die große Differenz des vegetativen Tonus zwischen Parasympathikus und Sympathikus wird verhindert. Dadurch mindert sich ein evtl. vorhandenes prämenstruelles Syndrom. Das Minimum, das der Mensch täglich braucht, um seinen Körper in gesunder Kondition zu halten, sind fünfzehn Minuten intensiver Bewegung, das Optimum sind über den Tag verteilt sechzig Minuten.

Neben der Bewegung und der Mechanik kommen in der Kristall-Reflex-Therapie noch zwei günstige therapeutische Momente hinzu:

- Die Steine drücken im Bereich der Fußsohle auf wichtige Akupressurpunkte und regen somit wesentliche Organbereiche im Körper an.
- Die Steine besitzen über ihre Farben und Mineralstoffe Frequenzen, die, ebenfalls auf unser Blut übertragen, positiven Einfluß auf viele Stoffwechselprozesse in unserem Körper haben (energetische Wirkung). Diese Frequenzwirkung überträgt sich einmal auf das Blut, das unseren gesamten Körper durchfließt, zum anderen aber auch auf das Bindegewebswasser, das über seine Clusterstruktur für eine Weiterleitung der Energie in die unterschiedlichsten Zellbereiche sorgt.

Bei diesen gesamten Vorgängen entsteht für Sie ein nützliches Nebenprodukt: Gewichtsabnahme. Diese Gewichtsabnahme erklärt sich einmal durch den gesteigerten Energiehaushalt der Zelle und die bessere Verbrennung, zum anderen aber auch durch Ausscheidung der den Verbrennungsvorgang der Zelle verhindernden Gifte, durch Steigerung der Hormonausschüttung und durch Anregung der Ausscheidungsorgane Leber, Galle, Darm, Niere, Lunge und Haut.

Die folgende Abbildung soll diesen Vorgang noch einmal verdeutlichen.

Zellauflösung
Patholog. Energiedefizit (PED) der Zelle
Katabole bzw. anabole Entgleisung

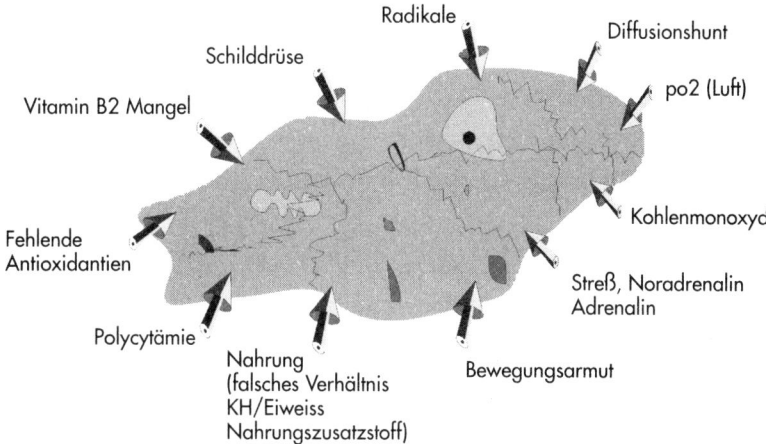

Radikale

Schilddrüse

Diffusionshunt

po2 (Luft)

Vitamin B2 Mangel

Kohlenmonoxyd

Fehlende
Antioxidantien

Streß, Noradrenalin
Adrenalin

Polycytämie

Nahrung
(falsches Verhältnis
KH/Eiweiss
Nahrungszusatzstoff)

Bewegungsarmut

Zellauflösung
Ausgleich des patholog. Energiedefizits der Zelle
Kataboler bzw. anaboler Ausgleich

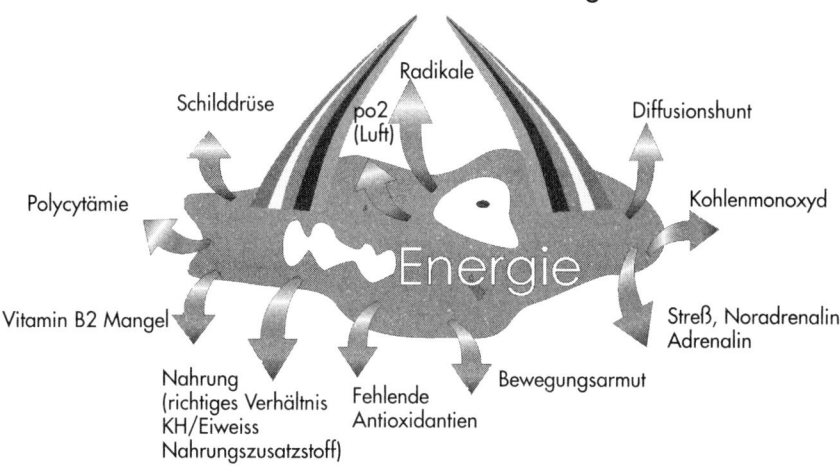

Radikale

Schilddrüse

po2
(Luft)

Diffusionshunt

Polycytämie

Kohlenmonoxyd

Energie

Vitamin B2 Mangel

Streß, Noradrenalin
Adrenalin

Nahrung
(richtiges Verhältnis
KH/Eiweiss
Nahrungszusatzstoff)

Fehlende
Antioxidantien

Bewegungsarmut

35

Dr. med. Ernst Noppeney, prakt. Arzt, Wegberg

Die Kristall-Reflex-Therapie als geeignete Methode zum Abnehmen: Durch das Gehen auf den Edelsteinen, dreimal täglich ca. zehn Minuten nach den Mahlzeiten, erfolgt eine Aktivierung der Akupressurpunkte spezifisch für die Verdauungsorgane, also Magen-Darm-Trakt sowie Leber, Gallenblase und Bauchspeicheldrüse. Das Begehen dieser Steine aktiviert die Akupressurpunkte der Darmperistaltik (Peristaltik ist eine wurmförmige Bewegung des Darmes), daraus resultiert, daß der Nahrungsbrei mit schnellerer Geschwindigkeit durch den Magen-Darm-Trakt transportiert wird, folglich weniger Nahrungsstoffe - sprich Kalorien - vom Körper resorbiert werden, was zu einer natürlichen, verminderten Kalorienaufnahme führt.

Zusätzlich werden durch die Stimulation der entsprechenden Akupressurpunkte von Leber und Bauchspeicheldrüse vermehrt Verdauungsfermente produziert, die im Dünndarm ausgeschüttet werden, was zur Folge hat, daß es zu einer besseren chemischen Zersetzung der Nahrung kommt. Dieses führt wiederum zu einer verbesserten Verdauung und zusätzlich zu einer Verhinderung von ausgedehntem Meteorismus (Blähbauch). Ein Blähbauch entsteht durch eine schlechte oder unvollkommene chemische Verdauung mit Gärungs- und übermäßiger Gasbildung im Magen-Darm-Kanal. Somit ist trotz gleichbleibender Ernährungsgewohnheiten eine Gewichtsreduktion zu erzielen.

Die Kristall-Reflex-Therapie

... UND DIE AKUPRESSUR: *STELLEN SIE SICH DEM GEWICHTSPROBLEM – UND AUF DIE FÜSSE!*

Die Akupressur ist wie die Akupunktur Teil der ganzheitlichen, traditionellen chinesischen Medizin. Akupunkturpunkte befinden sich entlang der Meridiane, die auch als Leit- oder Energiebahnen bezeichnet werden. Sie gewähren, sofern sie nicht blockiert sind, das Fließen der aktiven Energie. Die meisten Meridiane ziehen sich vertikal durch unseren Körper.

Die Akupressur ist eine sanfte Beeinflussung der Akupunkturpunkte durch Massage und Fingerdruck im Gegensatz zur Akupunktur, bei der feine, lange Nadeln verwendet werden. Akupressur löst durch nervliche Übertragung an entfernten Körperstellen und tieferliegenden Organen Reize aus. Die Akupressur bringt den Energiefluß im Menschen optimal zum Fließen und unterstützt somit die Arbeit der Medizin. Sie bewirkt Schmerzlinderung und Genesung. Wissenschaftler beschäftigen sich mit der Frage, ob der Körper durch die Akupressur und Akupunktur morphiumähnliche, also schmerzstillende Stoffe produziert.

Der Akupressurpunkt, den Sie zum Beispiel zur Gewichtsabnahme am häufigsten verwenden werden, ist der **Zahnfleischpunkt zur Appetitdämpfung**. Diesen Punkt können Sie aktivieren, indem Sie mit einem Finger direkt auf das Zahnfleisch oberhalb der

Schneidezähne drücken oder auf die entsprechende Stelle oberhalb der Oberlippe. Diesen Punkt können Sie bei auftretendem Hungergefühl täglich bis zu viermal ca. zehn bis zwanzig Sekunden lang drücken. Zur Appetitdämpfung gibt es noch den Punkt zwischen Schultergelenk und Ellbogengelenk. Dieser Punkt ist sehr druckempfindlich, er reagiert bereits auf sanfte Stimulation. Machen Sie mit Ihrem Zeige- oder Mittelfinger zwanzig bis dreißig Sekunden lang vier- bis fünfmal pro Tag leichte Kreisbewegungen im Uhrzeigersinn.

Es gibt Menschen, die geradezu süchtig nach Essen sind. Für sie ist der Akupressurpunkt am rechten Ohrmuschelrand hilfreich. Dieser «Suchtpunkt» kann auch bei Heißhunger, Verlangen nach Süßigkeiten, Alkohol, Zigaretten oder Drogen stimuliert werden. Dafür drücken Sie den äußersten Rand der rechten Ohrmuschel zwischen Daumen und Zeigefinger. Üben Sie mit Ihren Fingern wegen der Empfindlichkeit der Ohren nur einen sanften Druck aus, den Sie nach Gewöhnung verstärken können. Die Behandlung sollte drei- bis fünfmal pro Tag ca. zehn Sekunden lang durchgeführt werden.

ÜBERGEWICHT

Es gibt viele Formeln, die reglementieren, wieviel ein gesunder Mensch wiegen sollte. Früher rechnete man Körpergröße Minus 100 (Broca-Index, nach dem Pariser Chirurgen und Anthroposophen Pierre Paul Broca benannt). Eine weitere Formel ist der BMI (»Body-Maß-Index«), der von Wissenschaftlern errechnet wurde: Man dividiert das Körpergewicht (in Kilogramm) durch das Quadrat der Größe (in Metern), Beispiel: Bei einem Gewicht von 55 Kilogramm und einer Größe von 1,60 Meter rechnet man also 55 : (1,60 x 1,60) und erhält eine Indexzahl von 21,48. Als normal gilt ein BMI-Indexbereich von 21 bis 24. Höhere Werte gelten als Übergewicht.

Ich denke jedoch, es geht um Ihr Wohlfühlgewicht und nicht um irgendeine Formel. Sie benötigen keine Formel, Sie wollen sich in Ihrem Körper wohlfühlen, beweglich und vital sein. Also legen Sie Papier und Bleistift beiseite, und rechnen Sie nicht. Verlassen Sie sich auf Ihr Gefühl. Sie sind eine individuelle Persönlichkeit!

Dennoch einige Worte zum Übergewicht. Ärzte und Heilpraktiker warnen zurecht vor möglichen Gesundheitsrisiken. Statistiken ermöglichen heute Angaben dazu, welche Krankheiten durch Übergewicht entstehen können. Übergewicht und dessen Folgen zählen zu den häufigsten Todesursachen. Dazu gehören Herz-Kreislauf-Erkrankungen, Angina Pectoris, Bluthochdruck, Durchblutungsstörungen, Arteriosklerose, schmerzhafte Schäden des Bewegungsapparats und der Gelenke, Diabetes etc. Eine Langzeitstudie in England, bekannt als »Nurses Health Study«, die 1990 im Journal of Medicine veröffentlicht wurde, belegt, daß 40 Prozent der tödlichen und nicht tödlich verlaufenden Herzinfarkte, koronare Herzkrankheiten und Angina Pectoris mit Übergewicht in Verbindung stehen. Bei Patienten mit 30 und mehr Prozent Übergewicht waren 70 Prozent der koronaren Herzkrankheiten auf Fettsucht zurückzuführen. Rauchen ist die häufigste, Übergewicht die zweithäufigste selbstverschuldete Ursache des Herzinfarkts und seiner Vorstufen. Lebensversicherungen wissen zu berichten, daß sich bei großem Übergewicht die Lebenserwartung um 35 Prozent verringert. Von den Hinweisen der Ärzte, Heilpraktiker und Versicherungen abgesehen, gibt es sicherlich gute Gründe, sein Gewicht zu reduzieren.

Was die Bedeutung der Ernährung für das Übergewicht betrifft, so ist ein nicht zu unterschätzender Risikofaktor der regelmäßige Verzehr von fettem Fleisch und Wurst. Das Deutsche Institut für Krebsforschung in Heidelberg hat klar belegt, daß damit auch leider das Krebsrisiko erhöht wird. Was nicht bedeutet, daß Sie nun völlig auf den Verzehr von Fleisch verzichten sollen. Die Menge sollte Ihnen jedoch bewußt werden. Wenn Sie zum Beispiel in Ihrer Mittagspause ein besonders »schönes Stück Fleisch« genossen haben, so sind Sie danach alles andere als besonders vital. Allein aus gesundheitlichen Gründen sollten Sie daher in Erwägung ziehen, mehr Obst und Gemüse, Fleisch und Wurst dagegen nur in Maßen zu verzehren. Fisch ist ein guter Energielieferant und sehr bekömmlich, weil er, ähnlich wie Geflügel, »feinstofflich« ist. Seefisch liefert auch Jod, das die Schilddrüse benötigt, die u.a. für den Stoffwechsel zuständig ist. Obst und Gemüse - nach Möglichkeit als Rohkost - gewinnen durch ihren Vitamingehalt immer mehr an Bedeutung.

Sie werden sich jetzt fragen, was hat meine Ernährung mit den Steinen zu tun? Nun, auch wenn Sie durch das Gehen über die Steine und das Trinken des Edelsteinwassers Ihren Stoffwechsel aktivieren und somit nach einer Weile ganz von selbst anfangen abzunehmen, so sollten Sie Ihre Ansprüche hinsichtlich Ihrer Ernährung dennoch höher schrauben. Es wurde beobachtet, daß die Anwender durch die Kristall-Reflex-Therapie lernten, auf die Bedürfnisse ihres Körpers zu achten und bewußter mit ihm umzugehen. Die Bedeutung der Nahrungsmittel und ihre Auswirkungen auf den Körper spielten dann eine immer größere Rolle.

WARUM WOLLEN SIE ABNEHMEN?

Zuerst einmal sollten Sie sich Gedanken machen, warum Sie eigentlich abnehmen möchten:

- Aus gesundheitlichen Gründen?
- Sind Sie alleinstehend und schieben die »Schuld« allein auf Ihre Figur?
- Möchten Sie Karriere machen und glauben, daß man es mit Übergewicht selten schafft?
- Sie besitzen Ausstrahlung und Persönlichkeit, die noch von einer Fettschicht verborgen wird?
- Sie sind es ganz einfach leid, so viel »überflüssiges Gewicht« herumzutragen?
- Sie wollen Ihre Willensstärke und Ihr Durchhaltevermögen beweisen?
- Sie sind gesellig, trauen sich aber wegen Ihrer Figur nicht unter die Leute?

Bei all diesen Fragen seien Sie bitte ganz ehrlich mit sich selbst. Dann setzen Sie sich ein Ziel! Aber bitte kein utopisches. Schauen Sie in den Spiegel - und zwar, wenn Sie allein sind, und stellen Sie sich vor, wie Sie aussehen könnten. Überlegen Sie realistisch, wieviel Kilo Sie abnehmen sollten und wieviel Sie wirklich schaffen könnten. Ohne Druck und Streß! Und stellen Sie sich vor, wie Sie leben, sich kleiden würden, wenn es bereits soweit wäre. Ziehen Sie sich einige Stunden zurück, und stellen Sie sich das alles vor. Sie sehen, welchen Mut Sie in Gedanken entwickeln! Er wird Ihnen helfen, Ihr Ziel zu erreichen.

WER SCHLANK IST,
HAT MEHR VOM LEBEN!

Möchten Sie nicht auch zu den vitalen, gesunden und schlanken Menschen gehören? Nun, mit der Kristall-Reflex-Therapie werden Sie es schaffen! Wenn Sie also Ihre Waage verbannt haben, machen Sie sich doch einmal Gedanken, wann Sie in Ihrem Leben in Situationen kamen, in denen Sie zugenommen haben. Frust, beruflicher Streß, Langeweile oder Eheprobleme?

Wenn Sie schon Ihre Fluorite besitzen, so gehen Sie über die Steine und lassen Sie Ihr Leben mit seinen wichtigsten Stationen Revue passieren. Es kann sein, daß Sie mit sogenannten, hier psychischen, »Erstverschlimmerungen« wie bei homöopathischen Behandlungen rechnen müssen, daß Gefühle und Erinnerungen hochkommen, die bereits seit längerem als »abgeschlossen« galten. Wenn diese Erinnerungen Sie nun erneut belasten oder traurig machen, gehen Sie dennoch weiter über die Steine, und wenn Sie weinen müssen, weinen Sie. Denken Sie aber auch daran, welche Erfahrung Sie durch die jeweiligen Ereignisse und Situationen machen konnten. Sind Sie dadurch nicht viel stärker und reifer geworden? Freuen Sie sich! Das Leben hat es gut mit Ihnen gemeint!

Gehen Sie weiter auf den Steinen, lassen Sie Schritt für Schritt alles hochkommen, natürlich auch Freude, denn schöne Erinnerungen verstärken die positive Wirkung der Steine und stärken somit auch Ihr Immunsystem! Mit jedem Tag, den Sie über die Steine gehen, verblaßt das Bild des/der gemütlichen Dicken. Auch wenn Sie in den ersten Wochen nicht rapide, wie bei den Crash-Diäten, abnehmen, so gewöhnen Sie Ihren Organismus doch daran, den Stoffwechsel anzukurbeln - der Körper hat dafür seinen individuellen Rhythmus. Also lassen Sie ihm Zeit! Es kann bald geschehen, daß man

Sie fragt, ob Sie abgenommen haben. Auch, wenn das nachweislich noch nicht der Fall sein sollte, so nimmt der Körper doch bedingt durch die Vitalisierung über die Fußreflexzonen harmonischere Formen an, bevor er mit der »Fettschmelze« beginnt.

PERSÖNLICHE TIPS FÜR ERNÄHRUNG UND GESUNDHEIT

Während Sie die Kristall-Reflex-Therapie anwenden, werden Sie feststellen, daß sowohl physisch als auch mental etwas in Gang gesetzt wird. Sie können diese Therapie ohne jegliche Diät durchführen, erreichen Ihr Ziel jedoch schneller, wenn Sie auf einige Dinge achten, die auch zur Gesunderhaltung beitragen. Wie lange Sie leben, ist meiner Meinung nach vorgeschrieben und steht bei Ihrer Geburt schon fest. Sie haben jedoch die Möglichkeit, Ihren gesundheitlichen Lebensplan - außer bei Erkrankungen, Unfällen oder Behinderungen infolge karmischer Einflüsse - selbst zu gestalten. Und je bewußter Sie mit Ihrem Körper umgehen, desto länger können Sie Vitalität und Gesundheit für Ihre Aufgaben optimal nutzen. Da der Mensch heute viel älter wird als früher, ist es meiner Meinung nach sehr wichtig, sich frühzeitig Gedanken zu machen, was man für seinen Körper tun kann, damit er möglichst lange gesund und vital bleibt. Es liegt in Ihrer Hand, sich Ihrer Ernährung, Ihrer Denkweise und der wahren Bedürfnisse Ihres Körpers bewußt zu werden.

Versuchen Sie gezielt, fette Kost zu vermeiden. Während des Kochens fügt man den Speisen zum Beispiel wegen des sahnigen Geschmacks gerne noch einen Löffel Butter oder Créme fraîche zu. Aber versuchen Sie doch einmal, ob Sie Ihre Speisen nicht auch mit Küchenkräutern - die oft auch sehr verdauungsfördernd wirken – zu veredeln. Cholesterin-Ablagerungen durch Öl und Fett können Sie mit etwas frischem Knoblauch entgegenwirken. Regelmäßig in kleinen Mengen konsumiert, gewöhnt sich der Körper daran und dünstet auch nicht mehr so viel aus. Nicht erwünschten Knoblauchduft können Sie mit der Beigabe von frischer Petersilie stark dämpfen. Vorsicht übrigens mit Pfeffer – der wirkt apettitanregend.

Gönnen Sie sich morgens immer ein gutes Frühstück. Ein Obstteller als Energielieferant ist sehr gesund und bekömmlich. Auch sollten Sie sich überlegen, ob Sie während des Frühstücks nicht auch wirklich nur frühstücken wollen. Also ohne Zeitung und Frühstücks...fernsehen. Entweder Sie lesen, schauen fern oder essen, alles zusammen ist nicht gut für Ihren Organismus, es disharmonisiert ihn. Vor allem, wenn Sie während des Essens die ersten «Unglücksmeldungen» mit Blut, Mord und Totschlag mit aufnehmen. Was tun Sie sich damit an? Wie beginnen Sie den Tag? Zuversichtlich und optimistisch?

Wenn Sie morgens unbedingt fernsehen oder die Zeitung lesen müssen, dann tun Sie es, während Sie über Ihre Steine gehen. Durch die Fußsohlen-Akupressur erzielen Sie eine Bioresonanzwirkung, d.h. die negativen Schwingungen werden von der Kraft der Steine aufgenommen, umgewandelt und so transformiert an Ihren Körper zurückgegeben. Negatives wird Ihnen entzogen und belastet Ihren Körper und Ihre Seele tagsüber nicht, sofern Sie dem nicht selbst entgegenwirken.

Lassen Sie nach Möglichkeit das Mittagessen nicht ausfallen, auch wenn Sie nur eine Kleinigkeit zu sich nehmen. Am besten versorgen Sie Ihren Körper dann jedoch mit einem gemischten Salat oder einem Gemüseteller.

Alles, was Sie morgens oder mittags zu sich nehmen, können Sie im Laufe des Tages verbrennen. Das ist besser, als wenn Sie abends üppig alles nachholen, was Sie tagsüber entbehrt haben. Achten Sie auf eine ausgewogene Ernährung mit viel Gemüse (am besten Rohkost), Obst und Vollkornprodukten. Statt Butter können Sie auch Crème fraîche oder Salatmayonnaise nehmen. Sie enthalten weniger Fett und schmecken auf dem Brot ebenso gut. Süßigkeiten sollten Sie nach Möglichkeit ganz von Ihrem Speiseplan verbannen. Erstens sind sie Säurebildner, zweitens regen Süßigkeiten und Alkohol den Appetit übermäßig an und werden direkt in die Fettpolster eingelagert.

Der Verzehr von Fett und Fleisch sollte allein aus gesundheitlichen Gründen reduziert werden. Früher pflegte man nur einmal die Woche - meist sonntags - Fleisch auf den Tisch zu bringen, und die Menschen klagten nicht so oft über die heutigen Zivilisationskrankheiten. Sonntags Fleisch zu essen wurde außerdem damit verbunden, nach dem Essen mit der ganzen Familie einen Verdauungsspaziergang zu machen. Seine Wirkung ist nicht zu unterschätzen. Wie oft ist es Ihnen passiert, daß Sie eine Arbeit verrichten mußten, bei der entweder Ihre Kreativität oder Konzentration gefragt war? Vor dem Mittagessen ging dies mühelos. Danach jedoch hätten Sie sich am liebsten zur Siesta in ein Eckchen zurückgezogen, um träge vor sich hin zu dösen. Kurz vor Feierabend lebt man wieder auf, aber die wertvolle Zeit ist verstrichen. Der Grund für die Müdigkeit liegt darin, daß der Körper zum Verdauen von Fleisch sehr viel Energie benötigt, und wo der Körper verstärkt arbeitet, wird auch eine erhöhte Blutzufuhr gefordert. Schauen Sie nach dem Mittagessen in den Spiegel! Sind Sie blasser als sonst? Dann arbeitet und funktioniert Ihr Organismus einwandfrei! Nur gerade im falschen Augenblick, vielleicht während einer wichtigen Besprechung.

Das üppige Abendessen ist mitunter, wenn es sich nicht gerade um Einladungen oder sonstige Ereignisse handelt, ein Ausgleich zum eingeschränkten oder nicht gelebten Leben am Tage. Gerne wird dann die Seele oder der schlummernde Intellekt mit Alkohol aufgeheitert und sogar stillgelegt. Das Abendessen sollte nicht allzu fetthaltig oder süß sein, weil der Organismus den Stoffwechsel abends auf Sparflamme dreht und die Verdauung über Nacht sehr langsam erfolgt. Besonders fester Käse sollte eher tagsüber gegessen werden, weil er oft Schlaflosigkeit verursacht und den Körper verschlackt. Fleischmahlzeiten – in geringen Maßen und mit wenig Fett - sollten ebenso auf den Tag verlegt werden, damit sie besser verdaut und verbrannt werden.

Wenn Sie trotz eines gesunden Herzens und gesunder Nieren morgens geschwollene Augenlider haben, sollten Sie Ihren Salzkonsum reduzieren. Es gibt heute kaum eine Speise, die nicht zuviel Salz enthält, die Hälfte würde genügen. Dabei empfehle ich grundsätzlich den Gebrauch von Jodsalz. Salz wird im übrigen auch aus den Bergen gefördert. Wegen seiner Härte spricht man von Salzkristallen. Es gibt mittlerweile bereits Salzkristallampen, die auf die Räume ionisierend wirken und negative Schwingungen eliminieren. Auch bei Elektrosmog wird im übrigen das Aufstellen von Salzkristallampen empfohlen. Viele Betriebe könnten ihre Mitarbeiter vor schädlichen Auswirkungen schützen, wenn sie diese einsetzen würden. Um Ihre Aura (das körpereigene Energiefeld, dazu später mehr) energetisch aufzuladen, empfehle ich ab und an ein Peeling mit grobkörnigem Salz oder gar ein Salzbad. Nehmen Sie dazu zwei bis vier Pakete Jodsalz, lösen es im nicht zu heißen Badewasser auf und legen sich dann hinein. Dies ist besonders für die Menschen geeignet, die sich in vielen elektromagnetischen Feldern aufhalten und extremem Streß ausgesetzt sind. Aurasichtige konnten beobachten, daß nach diesem Peeling oder Bad die Aura wieder kraftvoller strahlt, weil Streß, Schlacken und Elektrosmog abgebaut werden. Bei auch noch so reinlichen Menschen war das Wasser hinterher regelrecht braun. Die Dauer des Bades sollte von Ihrem Körpergefühl bestimmt werden.

Zurück zur Ernährung und zu einigen Worten vorab, wie Sie sich das Edelsteinwasser am günstigsten zuführen. Trinken Sie kein kaltes Wasser zu den Mahlzeiten, sondern immer vorher oder nachher. So kann der Körper seine eigenen Verdauungssäfte bilden. Durch die Aufnahme der Mineralien im Edelsteinwasser wird das Hungergefühl etwas gedämpft. Das Edelsteinwasser können Sie zeitlich unbeschränkt trinken.

Mit zuckergesüßten Säften und colahaltigen Getränken sollten Sie nach Möglichkeit sparsam umgehen. Je mehr man davon trinkt, desto größer wird das Verlangen danach. Wenn Sie Wasser ungern pur trinken, so können Sie zuckerfreie Säfte, Zitronensaft von unbehandelten Zitronen oder einen Teelöffel naturtrüben Apfelessig hinzufügen. Während des Essens sollte man nicht trinken, damit der Magen die nötigen Verdauungssäfte produziert.

Die Speisen sollten gut und langsam durchgekaut werden, da die Verdauung im Mund beginnt und sich dort die ersten Verdauungssäfte bilden. Hastig heruntergewürgt, hat der Körper gar nicht die Zeit, so schnell die nötigen Säfte zu produzieren, und der körperliche Streß ist vorprogrammiert. Außerdem sollten Sie das Essen genießen. Denken Sie an die gepflegte französische Eßkultur mit ihren ausgedehnten Menüs. Obwohl die meisten Franzosen täglich zwei warme Mahlzeiten zu sich nehmen, sind sie nicht dick. Genießen Sie den Geschmack der Speisen. Wenn Sie langsam essen, benötigen Sie auch weniger Nahrung, Sie tun Ihrem Körper etwas Gutes, und es ist wichtig, daß Ihnen dies bewußt wird. Nach zehn bis fünfzehn Minuten tritt das Sättigungsgefühl ein. Spätestens dann sollten Sie sich fragen, ob Sie weiteressen müssen oder wollen. Alles, was Sie liegenlassen, braucht Ihr Körper nicht zu verarbeiten.

Als Heilpraktikerin konnte ich während sogenannter Rückführungen bei »hoffnungslosen« Fällen – Leuten, die nicht aufhören konnten, zu essen – feststellen, daß viele von ihnen in früheren Leben verhungert und somit nicht in der Lage waren, an einem vollen Kühlschrank usw. vorbeizugehen, ohne ihn zu plündern. Allein das leiseste Hungergefühl löste in ihrem Unterbewußtsein Panik vor dem erneuten Verhungern aus, und diese Panik wurde dann jedesmal durch Essen bekämpft.

Auch wenn alles durch den «Kopf» geregelt wird, so besitzt Ihr Körper eine eigene Intelligenz, und die ist auf Überleben programmiert. Ihr Körper sucht immer nach einer Möglichkeit, sich gegen das, was ihm schaden könnte - oder das, was er als Bedrohung empfindet - zu wehren. Das können auch extreme Diäten sein. Auch wenn Sie noch so willensstark sind, irgendwann überlistet Ihr Körper Sie, und das Zünglein an der Waage zeigt mehr an, ohne daß Sie Einfluß darauf haben und so recht merken, was passiert. Bekämpfen Sie daher nicht Ihre überflüssigen Pfunde, den Krieg können Sie nicht gewinnen! Ihr Körper ist Ihr bester Freund, schon daher sollte er nicht bekämpft werden. Er begleitet Sie durchs ganze Leben, verwertet jede Mahlzeit, und wenn er krank oder angegriffen ist, so regeneriert er sich zum Teil selbst, ohne jede fremde Hilfe. Manche Infektionen »kocht« er mit Fieber weg und ist für das nächste Mal, sollten die gleichen Viren sich melden, immun. Behandeln Sie ihn gut, dankt er es Ihnen mit strahlender Vitalität, gutem Aussehen und Gesundheit.

Schauen Sie sich einmal Menschen in ihren Sechzigern an. Manche sind gesund, vital und lebensfroh geblieben. Krankheiten standen ursprünglich nicht auf dem Programm unseres Schöpfers, aber durch die selbstschädigende Behandlung unseres Körpers, die karmischen Einflüsse ausgeschlossen, haben sich nach und nach immer mehr Krankheiten manifestiert. In der modernen Medizin spricht man mittlerweile von 30.000. Viele heute auf dem Lande lebende Menschen arbeiten viel, und da sie oftmals sehr weit entfernt von den großen Städten und ihrer Zivilisation leben, ernähren sie sich noch sehr gesund und sind auch heute noch gut zu Fuß. Meistens versorgen sie sich und ihren Haushalt bis ins hohe Alter selbständig, und irgendwann spüren sie ohne Groll, daß ihre innere Uhr abgelaufen ist. Dann liegen sie einige Tage krank im Bett, um schließlich ruhig zu sterben.

Das irdische Leben geht in der Regel zuende, wenn die Organe verbraucht sind, aber der Körper ist nicht darauf programmiert, sich chronisch krank durchs Leben zu schleppen. Also arbeiten auch Sie darauf hin, gesund zu sterben!

ZUBEREITUNG DER SPEISEN UND DEREN HERKUNFT

Was die Qualität der Speisen betrifft, die Sie zu sich nehmen, sollten Sie versuchen, sie soweit wie möglich zu erhalten, indem Sie Nahrungsmittel schonend verarbeiten, garen oder kochen. Nahrung aus Konservendosen ist **tote** Nahrung ohne jegliche Nährstoffe. Durch Farbstoffe und Geschmacksverbesserer sehen die Speisen appetitlich aus und schmecken sogar, auch wenn viele Nahrungsmittel geschmacklich verfälscht werden. Die Nahrungsmittelindustrie verfügt über ca. 6.000 unterschiedliche Lebensmittelzusätze. Mit Farb-, Konservierungs- und Aromastoffen, Emulgatoren und Antioxidantien haben die Konservenfabrikanten eine breite Palette zur Verfügung, Ihre Geschmacksnerven anzusprechen.

Oft höre ich Patienten darüber klagen, was sie denn überhaupt noch essen könnten. Wenn Sie Nachrichten und Dokumentationen in den Medien über Nahrungsmittel verfolgen und anfangen sich Gedanken zu machen, haben Sie zwei Möglichkeiten. Entweder Sie ignorieren das Thema völlig und leben wie sonst auch, mit allen Wehwehchen und Konsequenzen oder Sie interessieren sich genau für das, was auf Ihren Tisch kommt. Ob BSE-Mehl-gefütterte Rinder, Light-Produkte, Mikrowellen-Nahrung, Dosenkost, Eier aus Legebatterien, Fleisch aus Massentierhaltungen, Gemüse von überdüngten Böden, hormongeschwängerte Schweine, mit Antibiotika gefütterte Tiere oder die in der letzten Zeit gefürchtete, von den Wissenschaftlern jedoch hochgejubelte Gen-Nahrung - es ist Zeit, daß jeder einzelne sich Gedanken macht, wann er anfängt, sich gegen diese Manipulationen zu wehren.

Wenn Sie stets frisches Bio-Gemüse, Obst, Eier oder Fleisch, das Sie eventuell von einem Öko-Bauernhof beziehen, zubereiten und nach einiger Zeit einmal wieder aus Zeitmangel eine »Dose« öffnen, so kann es durchaus passieren, daß es Ihnen nicht so schmeckt wie früher: Sie selbst haben durch anspruchsvolleres Zubereiten ausgewählter Speisen Ihren Geschmacksnerven die Möglichkeit gegeben, sich zu regenerieren, zu spüren, was Ihrem Körper guttut und was nicht. Sie werden zugeben müssen, daß Eier von «glücklichen Hühnern« allein von ihrer Schwingung her auf Ihren Körper ganz anders wirken als die von unglücklichen und neurotischen Tieren aus dunklen Legebatterien.

Immer mehr Menschen bekommen schwer zu kontrollierende Panik- und Angstzustände. Wenn Sie das Fleisch von mißhandelten Tieren verzehren, so nehmen Sie auch einen Teil ihrer Energie auf, zum Beispiel ihre Todesangst. Wenn ein Schwein, Schaf, Rind oder Pferd Hunderte oder gar Tausende Kilometer auf einem LKW mit anderen Artgenossen zusammengepfercht, ohne Futter und Wasser durch Europa gekarrt und völlig verstört mit Fußtritten und Stöcken aus dem LKW herausgetrieben wurde, um dann die letzten Stunden oder Minuten in der Atmosphäre des Schlachthofes in Panik und Entsetzen auf den Tod zu warten, wundern Sie sich nicht über die nächste Angstattacke, wenn Sie genüßlich ein Kotelett gegessen haben. Sie reagieren völlig normal!

Viele Mißhandlungen werden sich rächen, so wie sich alles rächt. BSE, Schweinepest, Hühnergrippe sind erst der Anfang. Wenn schon Fleisch gegessen wird, dann sollte der Mensch die Tiere bis zum Tode mit Respekt behandeln, dann kann jeder sich sein Steak ohne schlechtes Gefühl »im Bauch« schmecken lassen.

Speisen, die aus der Mikrowelle kommen, bestehen übrigens nur noch aus Zellulose, sind also völlig – bis auf die Kalorien - wertlose Kost, tote Nahrung. Wenn Sie aus Zeitmangel Ihrem Baby die Gläschen oder die Milch immer in der Mikrowelle erhitzen, kann es sein, daß Ihrem Kind dadurch die Leber geschädigt wird. Außerdem ist erwiesen, daß frisch zubereitete Nahrung sich nicht nur günstig auf Übergewicht auswirkt, sondern daß sich die Qualität der Nahrung auch zum Beispiel sehr auf Cellulite auswirkt. Tote Nahrung lagert sich in Ihre Fettzellen ein und läßt das Fleisch ebenfalls tot aussehen. Tote Nahrung macht Ihren Organismus träge. Beobachten Sie einmal Menschen, die sehr viel Salat und Gemüse (frisch zubereitet) verzehren. Meist sind diese Menschen sehr aktiv im Leben und lieben die Bewegung. Fast-Food-Liebhaber sieht man selten in Sportcentern. Leben und lebendig sein hängt von vitalitätliefernden Speisen ab.

Die Kristall-Reflex-Therapie

... UND CHAKREN:
LADEN SIE IHRE ENERGIEZENTREN AUF!

Die einzelnen Chakren und ihre Stimulation mit Hilfe der Edelsteine und ihrer elektromagnetischen Ladung:

DAS ERSTE CHAKRA
MULADHARA = Wurzel-Basis
WURZELCHAKRA
Es befindet sich im Beckenplexus; das Gebiet zwischen Anus und Genitalien an der Basis der Wirbelsäule (die unteren 3 Wirbel). Es ist den Planeten Mars, Pluto und Saturn zugeordnet, und ein Mensch der vom Muladhara-Chakra beherrscht wird, schläft i.d.R. 10-12 Stunden auf dem Bauch. Es besitzt eine Affinität zur Nase als Sinnesorgan und zum Anus als Arbeitsorgan. Dieses Chakra steuert Selbstverwirklichung und Durchsetzungsvermögen.

Hier stimuliert die Kraft der Steine die Nebennieren, den Darmtrakt und die Ausscheidung fester Stoffe. Fettleibigkeit bei schlankbleibenden Armen und Beinen wird vorgebeugt.

Weitere Zuordnung: Prostata, Gebärmutter, Harnleiter, Harnblase, Blut- und Zellaufbau. Am stärksten wirkt hier die Farbe Rot - für die Kristall-Reflex-Therapie empfehlen wir den Roten Jaspis.

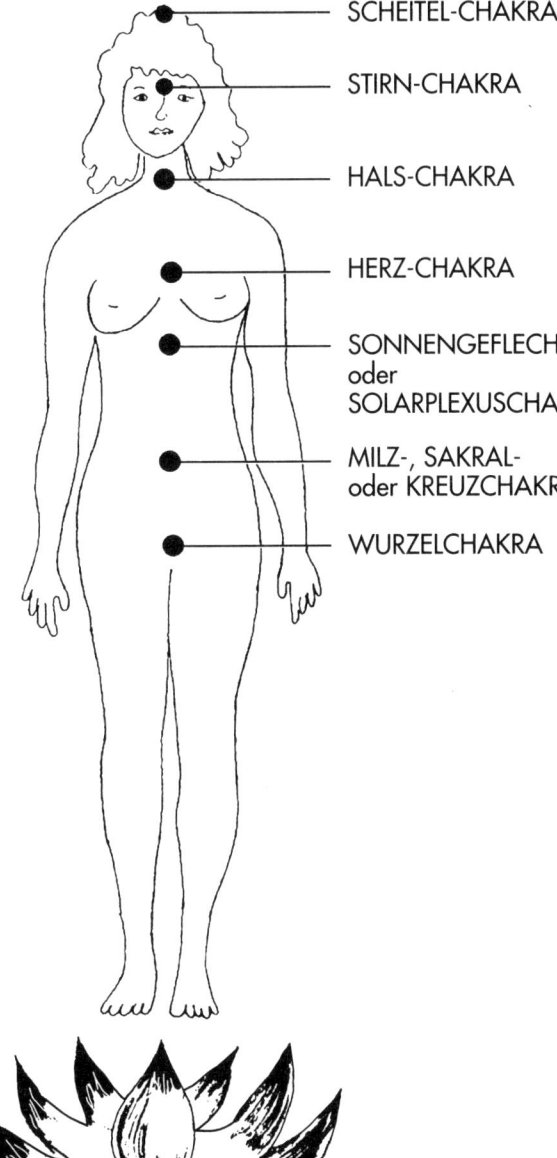

7. Chakra — SCHEITEL-CHAKRA

6. Chakra — STIRN-CHAKRA

5. Chakra — HALS-CHAKRA

4. Chakra — HERZ-CHAKRA

3. Chakra — SONNENGEFLECHT oder SOLARPLEXUSCHAKRA

2. Chakra — MILZ-, SAKRAL- oder KREUZCHAKRA

1. Chakra — WURZELCHAKRA

DAS ZWEITE CHAKRA
SVADHISTHANA = Der eigene Ort
MILZ-, SAKRAL- oder KREUZCHAKRA

Befindet sich unmittelbar unter dem Bauchnabel und sorgt für die Ernährung des Energiekörpers, belebt Blase, Nieren und Geschlechtsorgane. Es wird dem Mond zugeordnet. Astrologisch wird die Achse Stier/Skorpion angesprochen. Das «Kribbeln im Bauch» wird durch dieses Chakra angeregt, und auch die Freude am guten Essen gehört dazu sowie Ehrgeiz, Erfolg und schöpferische Eigenschaften. Es ist für die Drüsen des Nebennierenmarks (Adrenalinproduktion) zuständig. Wir befinden uns hiermit im Bereich der Sexualität und des Genusses.

Dieses Chakra wird am stärksten durch die Farben Rot/Orange stimuliert. Für die Kristall-Reflex-Therapie empfehlen wir den rotorangen Fluorit und den roten Jaspis.

DAS DRITTE CHAKRA
MANIPURA = Stadt des Juwels
SONNENGEFLECHT oder SOLARPLEXUSCHAKRA

Liegt über dem Nabel zwischen den Rippenenden und ist der Bereich, wo die Verdauung koordiniert wird. Es beeinflußt den Magen, die Milz, die Leber, Pankreas (Bauchspeicheldrüse), die Galle, den Zwölffingerdarm, die Bauchhöhle, die Knochen und die Muskulatur des unteren Rückens. Die Farbe, die dieses Chakra am meisten anregt, ist Gelb. Es wird der Sonne zugeordnet. Sein Element ist das Feuer. Astrologisch untersteht es dem Widder. Seelisch ist es intensiven Gefühlen wie Freude und Wut zugeordnet. Störungen dieses Chakras machen sich in Form von Magengeschwüren, Zuckerkrankheit, Eßstörungen, Magersucht, Bulimie und Hypoglykämie bemerkbar. Yogis erwerben durch das Meditieren über dieses Chakra die Macht zu vernichten und zu erschaffen. Für die Kristall-Reflex-Therapie empfehlen wir den gelben Fluorit.

DAS VIERTE CHAKRA
ANAHATA = Nicht aus zwei
HERZ-CHAKRA

Dieses Chakra beherrscht das Herz, die Lungen, Arme und Hände. Es wird der Venus und der Sonne zugeordnet und seine Farbe ist Grün/Rosa. Es wirkt psychisch über die Thymusdrüse hinter dem Brustbein und ist für die Stabilität der Knochen und des gesamten Muskelgewebes zuständig. Lebensfreude, Liebe, Achtung, Geben, Partnerschaft und Gruppenbewußtsein sowie Poesie verstärken sich bei harmonisch geöffnetem Chakra. Disharmonien im Herz-Chakra machen sich z.B. durch Unterdrückung der eigenen Bedürfnisse bemerkbar und durch Machttriebe, deren Energie sich aus der Unterwerfung anderer Menschen speist. Ein unverhältnismäßig stark geschlossenes Chakra zeigt sich in der Durchsetzung egoistischer Interessen, im Besonders-sein-Wollen und der Unfähigkeit sich zu integrieren. Es beherrscht auch die Nebenschilddrüse und ist mit der Thymusdrüse verbunden. Für die Kristall-Reflex-Therapie empfehlen wir hier den grünen Fluorit.

DAS FÜNFTE CHAKRA
VISUDDHA = Vollkommen Gereinigter
HALS-CHAKRA

Es befindet sich auf der Kehle, beeinflußt die Schilddrüse sowie Mund, Kehle, Kiefer, Ohren, den gesamten oberen Lungenbereich und Nacken. Es wird auch als Kommunikations- und Kreativitäts-Chakra bezeichnet. Durst und Appetit sowie das Schmecken werden hier gesteuert. Es ist auch für die Sprache verantwortlich. Himmelblaue und grünlich-blaue Heilsteine wirken hier sehr gut, weil sie als Grundsteine in dieses Chakra besonders gut eindringen. Für die Kristall-Reflex-Therapie empfehlen wir den grünlich-blauen Fluorit.

DAS SECHSTE CHAKRA
AJNA = Befehl, Auftrag
STIRN-CHAKRA

Es wird auch als Drittes Auge bezeichnet und befindet sich auf der Stirn, zwischen den Augenbrauen über der Nasenwurzel. Dieses Chakra ist unmittelbar mit dem Hinterlappen der Hirnanhangdrüse und dem Kleinhirn verbunden. Es beeinflußt unsere Sinnesorgane wie zum Beispiel Hören, Riechen und Sehen. Es ist auch für die Intuition und die Vorstellungskraft zuständig, sogar die Lachmuskulatur ist diesem Chakra unterworfen. Uranus und Neptun werden ihm zugeordnet (Transformation und Vorstellung). Dieses Chakra wird durch die Farbe Blau/Lila stimuliert. Für die Kristall-Reflex-Therapie empfehlen wir hier den blau/lila Fluorit.

DAS SIEBTE CHAKRA
SAHASRARA = Tausendblättriger
SCHEITEL-CHAKRA

Dieses Chakra befindet sich über unserem Scheitel. Es ist der rechten Gehirnhälfte und dem zentralen Nervensystem zugeordnet. Über die Hirnanhangdrüse steuert es die körperliche und geistige Entwicklung des Menschen sowie den Ernährungs- und Temperaturhaushalt des Körpers. Ist dieses Chakra harmonisch geöffnet, so empfinden Sie ruhiges Vertrauen, Bewußtsein des Behütet-Werdens, Wille im Dienste des (Einen) Willens. Unverhältnismäßig stark geöffnet vermittelt dieses Chakra Abgehobenheit, Verlust der »Bodenhaftung« und Vermeidung des Sehens der Schattenseiten. Extrem

56

geschlossen macht es sich durch Isolation und Mißtrauen dem Intuitiven gegenüber bemerkbar. Dieses Chakra ist am wirkungsvollsten mit Hilfe von weißen, goldfarbenen, dunkelblauen und violetten Steinen zu öffnen. Hier empfehlen sich der Magnesit, der weiße Fluorit oder der Bergkristall.

NEBENCHAKREN

Der Körper verfügt auch über sog. Nebenchakren. Dies sind sensible Nervengewebe an Händen und Füßen. Durch Hände und Füße verlaufen alle Meridiane und Nervenfasern des gesamten Organismus. So finden Sie in den Hand- und Fußflächen alle Nerven wieder, die bei Reizung wie zum Beispiel durch die Kristall-Reflex-Therapie im Körper die Verdauung, den Kreislauf, die Atmung und die Motorik des Herzschlags stimulieren.

Die Kristall-Reflex-Therapie

... UND DIE KRISTALL-MEDITATION:
WERDEN SIE SICH IHRER SELBST BEWUSST!

Wenn sich Ihre Füße an die Kristall-Reflex-Therapie gewöhnt haben, können Sie mit Hilfe der Steine Kristall-Meditationen durchführen.

DIE MEDITATION

Suchen Sie sich hierfür einen Raum aus, in welchem Sie sich wohlfühlen und es ruhig ist. Noch besser ist es allerdings auf der Terrasse oder dem Balkon, also im Freien, weil hier die Energien freier fließen. Zunächst einmal stellen Sie sich eine Weile auf Ihre Steine, um sich zu erden. Dann setzen Sie sich auf einen Stuhl, Ihre Fluorite unter Ihren Füßen. Ihre Wirbelsäule sollte wegen des Energieflusses gerade gehalten werden. Die Beine schlagen Sie bitte nicht übereinander. Die Fußsohlen sollten fest auf dem Boden liegen, jedoch nicht eng aneinander, am besten in dicke Baumwollsocken gepackt. In jede Hand nehmen Sie einen Fluorit und breiten Ihre Arme aus. Bleiben Sie einfach einen Moment sitzen und nehmen Sie Ihr Umfeld wahr.

Dann schließen Sie Ihre Augen und konzentrieren sich einfach nur auf Ihre Atmung. Sie beobachten, wie Sie ein- und ausatmen.

Nach einer Weile entkrampfen Sie bewußt alle Muskeln und konzentrieren sich weiterhin nur auf Ihre Atmung. Dabei werden Sie ein
Gefühl der Schwere bekommen. Es kann aber auch im Gegenteil
sein, daß Sie von den Füßen aufwärts ein angenehmes Kribbeln und
eine Leichtigkeit verspüren. Dabei lassen Sie nochmals bewußt Ihre
Muskeln los und entspannen sich immer mehr. Auch wenn Sie jetzt
die Geräusche um sich herum verstärkt wahrnehmen, ist Ihnen dies
völlig gleichgültig. Sie nehmen einzig und allein Ihr Wohlbefinden
wahr, Ihr Einssein und In-sich-ruhen, genießen es und lösen sich von
jeglicher Vorstellung. Es kann sein, daß Ihnen viele Gedanken durch
den Kopf gehen, versuchen Sie trotzdem, eine Leere entstehen zu
lassen, nur einfach das Wohlbefinden zu genießen, sonst nichts! Wenn
Sie das Gefühl haben, völlig beruhigt und gelassen zu sein und die
Meditation beenden möchten, zählen Sie langsam bis drei und öffnen anschließend wieder Ihre Augen.

Für die ersten Kristall-Meditationen nehmen Sie sich nur vor, sich
zu entspannen und Ihren Geist zu beruhigen. Durch die Entspannung
kann Ihr Organismus sich regenerieren und Sie können Kraft tanken. Auch Ihr Nervensystem profitiert davon, Sie werden mit jeder
Meditation gelassener. Wenn Sie ein gesundheitliches Problem haben, so stellen Sie sich vor, wie Sie sich während der Kristall-Meditation im entspannten Zustand völlig regenerieren. Dabei dürfen
Sie auch die für das Bewußtsein unrealistischsten Phantasien entwickeln. Sind Sie nervös? Dann können Sie sich ruhigstellen, indem
Sie diese Nervosität mit jedem Ausatmen regelrecht verabschieden
und dafür Ruhe und Gelassenheit einatmen.

Sind Sie deprimiert? Dann fragen Sie sich, was Ihre Depression
Ihnen sagen will und ob sich diese Gedanken überhaupt lohnen. Oder
ist Ihre Seele unzufrieden und will Ihnen signalisieren, daß Sie Ihrem
Naturell entsprechend noch neue wichtige Erfahrungen sammeln

sollten (anstatt zum Beispiel Vergangenem nachzutrauern) und ein neues, anderes Leben besser für Sie wäre? Danach können Sie, wenn es Ihnen gelingt, sich noch tiefer zu entspannen, auch über aktuelle Probleme nachdenken. Auch wenn diese Sie anfangs noch so aufregen, bleiben Sie entspannt. Sie werden feststellen, daß im entspannten Zustand alles halb so wild ist. Machen Sie sich klar, daß alles vergänglich ist und nur ein verschwindend kleiner Zeitabschnitt innerhalb der Ewigkeit.

Wenn Sie den Verlust eines Menschen durch Trennung oder andere Umstände zu beklagen haben, so versuchen Sie, diesen Schmerz in Liebe und Verständnis zu transformieren. Dabei visualisieren Sie, daß Sie diese Transformation durch Ein- und Ausatmen durchführen. Ihre Familie, Freunde, Bekannten, Arbeitskollegen sind alle Persönlichkeiten, die eine Zeitlang gemeinsam mit Ihnen zusammen Geschichte schreiben, Lebensgeschichte. Seien Sie dankbar für die Zeit, in der dieser Mensch Ihnen oder Sie diesem Menschen wichtig sein durften. Jeder hat einen individuellen, für seine seelische Entwicklung vorgesehenen Lebensplan. Und wenn wir mit jemandem zusammenleben, so ist das immer mit dem Ziel verbunden, voneinander zu lernen und sich miteinander wohlzufühlen. Allerdings lernt man auch durch unangenehme Gefühle. Wenn man seine Lektion durch die entsprechende Person gelernt hat, so zwingen einen irgendwann irgendwelche Umstände, sich von diesem Menschen zu trennen (falls man sich nicht selbst schon verabschiedet hat) und Raum zu schaffen, auch mental, für neue Menschen und Erkenntnisse.

Mit Hilfe der Kristall-Meditation können Sie mit der Zeit Ihre Sensitivität entwickeln und Ihre Wahrnehmung schulen. Auch hierfür setzen Sie sich auf einen Stuhl, die Steine unter Ihren Füßen, und nehmen die o.g. Meditationsstellung ein. Zuerst reiben Sie Ihre Handflächen eine Minute lang kräftig aneinander. Dann öffnen Sie sie und pusten leicht über die geriebenen Flächen. Dann nehmen Sie Ihren Fluorit in die Hände und rollen ihn langsam darin. Anschließend nehmen Sie den Fluorit in die eine Hand, und mit der anderen versuchen Sie, die Energie Ihres Kristalls zu fühlen. Je häufiger Sie dies machen, desto deutlicher werden Sie von Mal zu Mal spüren, welche außergewöhnliche Kraft Ihr Stein hat.

Wenn Sie dann in Zukunft Edelsteine auswählen, können Sie jederzeit spüren, ob ein Stein die für Sie richtige Energie besitzt. Meist läßt sich dies auch daran erkennen, daß ein Stein, der mit Ihnen nichts zu tun hat, eiskalt bleibt, während ein anderer, zu dem Sie sich direkt hingezogen fühlen, in Ihrer Hand warm wird und Sie den Kontakt als angenehm empfinden. Ein solcher Stein wird Sie wahrscheinlich eine Weile begleiten, bis die nächste Entwicklung ansteht, für die ein anderer Stein besser geeignet ist. In der Regel ist es jedoch so, daß Sie während Ihrer Weiterentwicklung immer wieder zum Fluorit «zurückfinden» werden, da dieser oktaedrisch ist und aus der achten Dimension kommt: Höhere Schwingungen dominieren weniger hohe - so wie ältere Geschwister jüngere miterziehen.

WIE MAN SEINEN GEIST
ZUR RUHE TRAINIERT

Die meisten Menschen neigen zu Ruhelosigkeit und mentalem Dauerstreß. Hat sich dieser Zustand erst einmal fest im Bewußtsein verankert, bedarf es einigen Trainings, um das Gefühl der Ruhe und Gelassenheit wieder in den Griff zu bekommen. Die Unruhe des Geistes ist meist durch unsere Umgebung beeinflußt und geprägt, weil er ganz einfach in Resonanz mitschwingt, sofern man sich nicht mental schützt. An manchen Tagen werden Sie feststellen, daß Sie morgens gutgelaunt an Ihrem Arbeitsplatz erscheinen und manche Ihrer Kollegen sehr nervös, hektisch und ärgerlich sind. Dann dauert es nicht allzu lange, bis Sie unbemerkt ebenso nervös, ärgerlich usw. werden. Wenn dann auch noch der Blick aus dem Fenster graue Wolken und Regen zeigt, dann gibt es kollektiv lange Gesichter.

Hektische Schwingungen verursachen Anspannung und Nervosität, so daß die Konzentration schwer fällt. Das beginnt schon beim Zuhören. Man fällt sich ins Wort, weil man ungeduldig ist und nicht abwarten kann, bis der andere mit seinem Satz fertig ist. Man wird unzufrieden, weil man in der Kommunikation vermeintlich zu kurz kommt, und die eigenen Gedanken artikulieren will. Die Unzufriedenheit überträgt sich auf das Gegenüber und schon befindet man sich in einem Feld negativer Schwingung.

Welche Möglichkeiten oder Alternativen haben Sie? Zuerst einmal sind Sie der Meister Ihrer Gedanken, und als Meister haben Sie wenigstens Ihren eigenen Geist zu beherrschen. Das sind Sie sich schuldig. Viele herrschsüchtige Menschen projizieren die Unfähigkeit, sich zu beherrschen, auf das Herrschen über andere Menschen. Aber zum Glück wollen Sie ja mit Hilfe der Kristall-Reflex-Therapie an sich und Ihrer Entwicklung arbeiten.

Zuerst einmal sollten Sie so oft es geht die Kristall-Meditation durchführen, um Ihren Geist ruhiger werden zu lassen. Ziel dabei ist es, Ihre Willenskraft zu stärken. Eine gestärkte Willenskraft läßt Ihren Geist sich weiterentwickeln, und ein höher entwickelter und im harmonischen Gleichgewicht befindlicher Geist kann sich wieder besser konzentrieren. Sobald Sie gelernt haben, sich - egal in welcher Situation Sie sich befinden - in Ruhe zu konzentrieren, können Sie versuchen, sich Ziele zu setzen. Erreichbare Ziele! Je öfter Sie mit den Fluoriten meditieren, desto besser können Sie sich konzentrieren und in Ihrem Geist augenblicklich Ruhe einkehren lassen. Mit der Zeit werden Sie nur noch Ihren Lieblingsfluorit in die Hand nehmen müssen, um Ihre Gedanken zu kanalisieren. Diese helfen Ihnen zusammen mit Ihren inneren Bildern erwünschte Resultate zu visualisieren. Nach einer Zeit der Visualisierung manifestieren sich schließlich die inneren Bilder. Ihr Fluorit gibt Ihnen, sobald Sie ihn in die Hand nehmen, die Energie, ungestört ein Ziel zu verfolgen und zu erreichen. Je besser es Ihnen gelingt, sich zu konzentrieren, desto effektiver wird Ihre Meditation sein.

Sie können auch jemandem, der Ihnen wichtig ist, und der Ihrer Hilfe bedarf über die Meditation liebevolle Gedanken senden und ihm Kraft und Energie zufließen lassen, zum Beispiel wenn eines Ihrer Kinder gerade in der Schule eine Arbeit schreibt oder jemand aus Ihrem Bekanntenkreis eine schwierige Lebenskrise zu bewältigen hat. Wenn Sie es nicht für sich selbst benötigen, so wenden Sie Ihr Wissen um positive, kanalisierte Energien für Mitmenschen an, die Sie um ihre Hilfe bitten.

Sie werden sich vielleicht Gedanken machen, ob Sie durch die Arbeit mit den Steinen mit der Zeit nicht in eine Art Abhängigkeitsverhältnis kommen könnten und es ohne Steine »nicht mehr gehen« würde. Diese Bedenken kann ich Ihnen nehmen. Die Kristall-Reflex-Therapie ist eine Art Hinweisschild für ein Leben, über welches sie bestimmen. Sie allein entscheiden, wie oft, wie lange Sie mit Ihren Steinen arbeiten möchten. Sie sind hierzu an niemanden gebunden, müssen nicht zu irgendwelchen Treffen und unterliegen niemandem, auch keiner Kontrolle. Das erwähnte Hinweisschild ist ein Wegweiser zu Ihrem Selbst. Sie allein bestimmen das Tempo Ihrer Entwicklung.

Wenn Sie die Kristall-Reflex-Therapie anwenden, um schlank und gesund zu sein und die Steine in dieser Hinsicht ihren Zweck erfüllen, so ist das ebenso in Ordnung. Wenn Ihre Seele nach »mehr«

verlangt, so stehen Ihnen die Wege dazu über die Steine offen. Betrachten Sie die Kristall-Reflex-Therapie als eine Hilfe, Ihre Hilfe. Sie sind und bleiben der Meister. Im Gegenteil, es kann sogar sein, daß Sie durch die Kristall-Reflex-Therapie gewisse Abhängigkeiten wie z.b. vom Alkohol, Nikotin, zuviel Essen und Spielsucht immer mehr reduzieren, um dann eines Morgens festzustellen, daß Sie glücklich wären, keine Zigaretten mehr sehen, nicht mehr trinken zu müssen etc. Die Steine können Sie befreien von schlechten Angewohnheiten, Übergewicht, Krankheiten und Blockaden, die Ihr Weiterkommen im Leben verhindern.

WIE SIE IHREN WILLEN STÄRKEN

Je stärker Ihr Wille ist, desto stärker ist auch Ihre Vitalität. Menschen mit verringerter Vitalität verfügen umgekehrt auch über einen geschwächten Willen. Es ist wichtig, zuerst das Nervenkostüm zu stärken. Erst wenn Sie über starke Nerven verfügen, können Sie Ihren Willen stärken, was auch mit der Zeit Ihre Vitalität erhöht.

Durch das Trinken Ihres Edelsteinwassers, in dem sich der Magnesit befindet, nehmen Sie außerdem Magnesium auf - Magnesium ist ein ausgezeichnetes Mineral, welches Ihre Nerven stärkt. Die Meditationen tun ihr übriges. Trotzdem können Sie noch mehr tun. Bei effektiver Kristall-Meditation lernen Sie mit der Zeit noch die Kraft oder Energie des Universums zu erspüren und zu kanalisieren. Diese Kraft kann sich vielfach auswirken. Es ist eine Kraft, die, richtig angewendet, zu Entwicklung, Wachstum, Ordnung, Harmonie und ganz nebenbei zur Gesundung führt. Sie werden feststellen, daß Sie ein Teil dieser Kraft sind. Sie sollten sie jedoch nie mißbrauchen. Wenn Sie spüren, daß Sie mit jeder Meditation mehr innere Kraft bekommen, nutzen Sie sie zur spirituellen Weiterentwicklung, sonst kommt alles in geballter Ladung auf Sie zurück, und das meistens, wenn Sie es am wenigsten erwarten.

Es ist für Menschen mit einer starken Willenskraft schwieriger, richtige Handlungsweisen konsequent und positiv durchzuführen, weil alles viel einfacher ist. Solche Menschen bekommen als Prüfung oft die Gelegenheit, diese Kraft gegen ihre Mitmenschen zu nutzen. Achten Sie darauf, mentale Macht ist ein Geschenk, welches man nur in positiver Weise verwenden sollte.

WIE SIE MIT EMOTIONEN UMGEHEN LERNEN

Gäbe es Gefühle oder Emotionen nicht, wäre vieles einfacher. Leider lassen wir uns zu oft von unseren Emotionen beherrschen und reagieren dementsprechend. Wie oft ist es doch passiert, daß wir von Gefühlen überwältigt und Sprache und Handlungen von ihnen gelenkt bzw. blockiert wurden?

Es geht nun darum, daß Sie Ihre Gefühle ganz klar definieren. Wenn Sie meinen, in einer brenzligen Situation von einem Gefühl »überwältigt« zu werden, oder negative Emotionen auftauchen, dann nehmen Sie einen immer griffbereiten Fluorit in die Hand, atmen ruhig durch und fragen sich, was es Ihnen jetzt bringt, diese Emotionen mit Energie zu nähren. Stellen Sie sich vor, Sie stehen neben sich und schauen sich zu. Dabei werden Sie feststellen, daß Sie schon loslassen, daß Ihre Emotionen gewissermaßen von Ihnen getrennt werden. Atmen Sie, und lassen Sie weiter los!

Versuchen Sie auch, Ihre Gefühle zu kanalisieren und nur dort Energie einzusetzen, wo sie dringend benötigt wird. Sollten Sie in bestimmten Momenten sprachlos sein, so verschieben Sie gegebenenfalls die Diskussion. Sie haben das Recht dazu! Lassen Sie sich nicht durch sich selbst und Ihre Umwelt in die Enge treiben, Sie sind nur im Moment blockiert. Nach einiger Zeit sieht alles nicht mehr so dramatisch aus, und am nächsten Tag kann es sogar sein, daß sich das Problem bereits erledigt hat oder Sie in der Nacht über Ihr Unterbewußtsein die Antwort erhalten haben: Da Menschen über das Unterbewußtsein in der Nacht miteinander kommunizieren, lösen und entkrampfen sich Situationen oft von selbst. Alles was passiert, geschieht zu Ihrem Wohl und zu Ihrem Weiterkommen. Alles hat seinen Sinn. Lassen Sie los! Und atmen Sie in Ruhe weiter.

MEDITATION UND
»Auf-der-Stelle-Treten«

Auch wenn Sie das Gefühl haben, zeitweise in Ihrer beruflichen oder geistigen Entwicklung auf der Stelle zu treten, so ist dies nur vordergründig so. »Ruhepausen«, in denen «nichts passiert«, sollten Sie genießen und zum Kräftesammeln nutzen. Das ist einfach gesagt, wenn Sie ein lebenshungriger Mensch sind. Aber nutzen Sie die ruhige Zeit für sich: Zum Erholen, Regenerieren, Auftanken und als Gelegenheit, neue Wege, Bilder und Visionen für Ihr weiteres Leben auftauchen zu lassen.

Die Kristall-Reflex-Therapie

... UND DIE AURA:
HARMONISIEREN SIE IHRE ENERGIEN.

Das Wort »Schwingungen« wird in den letzten Jahren vermehrt benutzt. Es umfaßt ein breites Spektrum an Phänomenen. Man kann Schwingungen erfassen, fühlen und auch erzeugen. Wenn Sie einen Raum betreten, in dem zuvor gestritten wurde, können Sie dies spüren. Oder Sie betreten einen Raum, in dem sich gerade einige Leute über Sie unterhalten haben. Sie werden hereinkommen und das Gefühl haben, daß irgend etwas in der Luft liegt.

Wenn Sie jemanden kennenlernen, sind es Ihre gegenseitig wahrnehmbaren Schwingungen, die zu Sympathie oder nicht führen. Hören Sie ruhig auf Ihre innere Stimme und Sie ersparen sich viel Ärger und zeitraubende Erfahrungen, deren Ende Sie innerlich schon im voraus »wußten«.

Es gibt wunderbare Orte, die mit positiven Schwingungen behaftet sind. Hier halten sich Menschen gerne auf, um zu feiern, aktiv zu sein und die »Leichtigkeit des Seins« zu genießen. Viele Städte sind mit einer Aura umgeben, die ganze Menschenmassen anzieht. Wenn Sie an bestimmte Städte in Deutschland denken, so werden Sie bei jedem dieser Orte ein anderes Gefühl haben und wissen, daß Sie in jeder dieser Städte ein anderes Leben führen würden - weil Sie sich den Schwingungen anpassen würden, die diese Stadt ausstrahlt. Es gibt aber auch Städte, die Sie ein Leben lang meiden werden, weil allein der Klang des Namens bei Ihnen ein negatives Gefühl erzeugt. Wenn Orte in der Geschichte durch Krieg oder andere schreckliche Ereignisse berühmt wurden, fahren Sie vielleicht mit einem mulmigen Gefühl durch und sind froh, sie hinter sich zu lassen.

Da die Seele aus anderen Leben nichts vergißt, kann es auch sein, daß Sie vielleicht spüren, mit diesen Geschichten etwas zu tun zu haben. Glücklicherweise kann das aktuelle Bewußtsein sich meist nicht daran erinnern, oder wenn, dann auch nur in einem anderen Bewußtseinszustand.

Es ist große Mode geworden, auf ehemaligen Fabrikgeländen oder Schlachthöfen Discos einzurichten, Ausstellungen und Happenings zu organisieren. Nur völlig Unsensible werden sich während des Feierns keinerlei Gedanken machen über die noch vorhandenen Schwingungen der jahrelangen Plackerei in dieser Fabrik oder auf dem Schlachthof. Energetisch sensibilisierte Menschen werden sich auf keinen Fall an solchen Orten wohlfühlen und sie nach Möglichkeit meiden.

Wenn Sie auf Ihren Fluoriten gehen und nach einer Weile des Tretens die Handflächen aneinanderreiben, so werden Sie, wenn Sie die Hände danach in zehn Zentimetern Abstand auseinanderhalten, die Energie spüren, die zwischen den Händen kursiert. Diese Energie umgibt Ihren ganzen Körper und wird Aura genannt. Sie verändert sich ständig, wobei die Grundfarben meist jahrelang konstant bleiben. Jede Farbe hat eine bestimmte Bedeutung. Aurasehende können Entwicklung, Gefühle, Wut, Konzentration, Gesundheit und insbesondere Krankheiten oder Schwächen an der Aura erkennen.

Kurz bevor ein Mensch stirbt, wird seine Aura immer kleiner, und zum Schluß umrahmt ihn ein dünner schwarzer Streifen. In letzter Zeit gibt es immer mehr Auraleser, und mit dem Übergang in die vierte Dimension werden auch immer mehr Menschen aurasichtig.

Viele wissen nicht, daß sie diese Fähigkeit entwickelt haben und entwickeln sogar Angst, weil sie eine Augenkrankheit vermuten. Für diejenigen, die die Energiefelder, die Aura der Menschen zu sehen beginnen und die Bedeutung der einzelnen Farben kennenlernen möchten, gibt es eine sehr umfassende Lektüre von Lea Sanders mit dem Titel **DIE FARBEN DEINER AURA,** in der genau erklärt wird, wie man die Aurafarben deuten kann.

Hier gebe ich Ihnen einige Anregungen, wie Sie Ihre Aurasichtigkeit entfalten können. Stellen Sie Ihre Steinwanne auf die Terrasse, den Balkon oder in den Garten. Dann beginnen Sie mit dem Gehen, und zwar so lange, bis Sie spüren, daß Sie vollkommen entspannt sind. Dabei sollten Sie einen oder mehrere Bäume betrachten. Beobachten Sie ruhig längere Zeit völlig entspannt die Umrisse der Bäume. Dabei schalten Sie Ihr Gehirn auf Ihre Art auf »leer« und schauen einfach immer weiter. Mit der Zeit werden Sie ein Pulsieren feststellen und vielleicht auch eine Art Lichtkranz um den Baum. Machen Sie mit diesen Übungen weiter, so oft es geht. Sie werden die Aura der Bäume immer besser erkennen können.

Sie können auch versuchen, jemanden vor eine weiße Wand zu stellen und einige Meter davon entfernt auf Ihren Steinen gehen. Viele werden sich fragen, weshalb es für das Aurasehen notwendig sein soll, auf den Steinen zu gehen oder zu stehen: Durch dieses Gehen auf den Steinen wird nicht nur die linke, sondern auch die rechte Gehirnhälfte aktiviert und das dritte Auge geöffnet. Aurasehen erfordert eine Sensibilität, die im Tagesbewußtsein durch den Alltag verdrängt wird. Falls Sie die Tageszeit wählen können, so werden Sie die besten Erfahrungen in den späten Nachmittags- oder Abendstunden machen.

Es hat viele Vorteile, Schwingungen in seiner Umwelt erfassen zu können. Einer davon ist, daß Sie manche Situationen besser meistern und mit Ihren Mitmenschen besser umgehen können. So lernen Sie, daß es keinen Zweck hat, jemanden um ein Gespräch zu bitten oder sich mit einem Familienmitglied zu streiten, das gerade eine feuerrote Aura hat. Oder zu versuchen, von jemandem etwas Materielles zu bekommen, dessen Aura schmutzigbraun ist. Bei Menschen in kreativen Berufen findet man sehr viele Grüntöne in der Aura. Wahre Liebe, Sanftheit und Harmonie spiegelt sich in hellrosa Streifen wider. In den medizinischen Berufen finden sich viele Therapeuten mit gelb- oder hellorangenen Tönen, und im Bank- und Finanzwesen sind oft Grün- und Brauntöne gleichzeitig vorhanden. Wenn jemand angestrengt nachdenkt, sieht man es an den bewegten Schwingungen am Hinterkopf. Lila oder Violett ist meist eine Farbe, die eine Affinität zur Spiritualität anzeigt. Manche Kirchenroben haben diese Farbe.

Die Farben der Aura befinden sich auch in Ihren Fluoriten, und je nachdem, wie stark Ihre Schwingungen sich mit den Schwingungen Ihrer Steine vermischen, wechseln Ihre Fluorite die Farben. So können Sie erkennen, welcher Gefühlszustand gerade in Ihrem Energiefeld dominiert.

Menschen, Tiere, Steine, Pflanzen und Häuser - alles ist mit Schwingungen umgeben. Wenn von einer Pflanze ein Blatt halb abgeschnitten wurde, so kann man auf einer Kirlian-Fotografie erkennen, welche Umrisse der abgeschnittene Teil besaß. Und wenn derjenige, der das Blatt abgeschnitten hatte, sich dieser Pflanze mit einer Schere nähern würde, so würde die Pflanze mit Entsetzen reagieren – spezielle Geräte können dies nachweisen.

Sobald Sie etwas besitzen, benutzen oder es sich in Ihrer Nähe befindet, prägt sich Ihre Energie in diesen Gegenstand. Darum ist es ratsam, keine Dinge von Menschen in Ihrer Nähe zu haben, die Ihnen unsympathisch sind oder jemandem Unglück gebracht haben.

Es werden in Auktionshäusern oft Schmuck oder Möbel von Verblichenen angeboten, und ich kann nur jedem Käufer empfehlen, diese Dinge unter fließendem Wasser zu »entoden« oder zum Beispiel mit Hilfe von Weihrauch energetisch zu entladen. Sonst zieht mit dem Gegenstand auch eine Fremdschwingung ein, die vielleicht gar nicht in Ihr Leben paßt und Sie an einer Weiterentwicklung hindert oder Ihren Körper krank macht.

Die Kristall-Reflex-Therapie

... UND DIE HAUSTIERE:
STEINE FÜR IHRE LIEBEN.

Zunächst zum Edelsteinwasser. Anwender der Kristall-Reflex-Therapie haben festgestellt, daß ihre Haustiere es sehr gerne trinken. Tiere haben noch den Instinkt, zu unterscheiden, was gut und was nicht gut für sie ist. In der freien Natur sind sie auf diesen Instinkt angewiesen, er ist lebenswichtig.

Tiere benötigen genauso wie der Mensch Mineralstoffe. Besonders gut bewährt hat sich das Trinken von Edelsteinwasser für Tiere mit Übergewicht, Verdauungsstörungen und Leberschwäche. Für die Gesundheit der Zähne sind der Magnesit und der Fluorit im Trinkwasser sehr förderlich. Der Mensch bekommt in der Zahnpasta den nötigen Fluorzusatz zur Erhaltung der Zahngesundheit, die Tiere sind auf unsere Beigaben angewiesen. Sie können Ihrem Tier daher auch ein Edelsteinwasser mit nur einem oder zwei Fluoriten aus Ihrer Steinwanne ansetzen. Nehmen Sie hierzu die Steine mit den kräftigsten Farben, so bekommt es auch noch »nebenbei« eine Farbtherapie zur Kräftigung des gesamten Organismus: Vitalität bekommt es durch die Kraft des Bergkristalls, Leber und Verdauung werden durch den Roten Jaspis angekurbelt. Die Fluorite erden Ihr Tier, und seine Urinstinkte werden aktiviert.

Von mehreren Hundebesitzern wurde mir berichtet, daß die Tiere die Edelsteinwanne »mitbenutzt« hatten, auf ihre Art allerdings. Sie hatten sich, nachdem sie eine Weile die Steine hin und her bewegt hatten zum Schlafen in die Edelsteinwanne gelegt. Fluorite haben eine beruhigende Wirkung auf die Tiere. Oft legen sie sich neben der Steinwanne schlafen und therapieren sich auf ihre Art.

4. DAS EDELSTEINWASSER

Trinken Sie genug?

Die meisten Menschen trinken nicht genug und entwickeln sich mit den Jahren zu wahren »Durstkünstlern«. Es reicht nicht aus, ab und zu ordentlich einen »über den Durst« zu trinken. Der Körper benötigt kontinuierlich Flüssigkeit.

Mit einem einfachen Test kann man feststellen, ob der Körper an Flüssigkeitsmangel leidet. Nehmen Sie mit zwei Fingern ein Stück Haut Ihres Handrückens und versuchen Sie, diese leicht hochzuziehen. Schnellt die Haut blitzschnell zurück, dann stimmt Ihr Wasserhaushalt. Braucht sie länger und benötigt noch eine Weile, bevor sie die ursprüngliche Form zurückgewonnen hat, dann sollten Sie dringend mehr trinken.

Die Kristall-Reflex-Therapie wird durch eine Trinksteinmischung ergänzt, mit der Sie das bereits mehrfach erwähnte Edelsteinwasser selbst ansetzen können. In dieser Trinksteinmischung finden Sie die für die Therapie wichtigsten Steine. In der Trinksteinmischung sind folgende Edelsteine enthalten:

5 Fluorit-Mineralsteine (FM)
3 Magnesite (M)
2 Rote Jaspise (J)
3 Bergkristalle (B)

Einige Hinweise zur optimalen Zubereitung:

1. Nehmen Sie eine schöne, aber robuste Glaskaraffe, die das Gewicht der Edelsteine tragen kann. Aus einer schönen Karaffe einzuschenken, motiviert selbst zum Wassertrinken. Optimal ist es, wenn die Karaffe einen Liter Wasser aufnehmen kann.
2. Reinigen Sie die Steine zehn Minuten lang unter fließendem Wasser. Danach legen Sie sie auf die Fensterbank. Durch Sonnen- und Mondstrahlen laden sich die Steine energetisch auf.
3. Legen Sie die Steine vorsichtig in die Karaffe und füllen Sie sie mit Leitungs- oder Mineralwasser auf. Und bitte bringen Sie das Wasser nicht mit Metallen in Berührung, z.B. beim Umrühren. Dazu nehmen Sie besser einen Holzkochlöffel.
4. Wenn die Karaffe halbvoll ist, schütteln Sie die Steine und füllen sie dann ganz mit Wasser auf. Bei jeder Nachfüllung sollten Sie die Steine schütteln.

5. Durch das Schütteln wird die Schwingungsabgabe der Edelsteine um ein Vielfaches potenziert (erhöht).
6. Ihre Mischung ist nun trinkfertig. Sie werden wahrscheinlich feststellen, daß das Wasser durch die Edelsteine einen anderen Geschmack als gewohnt besitzt. Es wurde auch mehrfach festgestellt, daß das Wasser als «leichter» empfunden wurde.
7. Dem fertigen Edelsteinwasser (ohne Steine!) können Sie nach Geschmack Obst- oder Gemüsesäfte hinzufügen. Erfrischend ist dazu der Saft einer Zitrone. So nehmen Sie auch das täglich benötigte Vitamin C zu sich.
8. Motivieren Sie sich zum Wassertrinken! Stellen Sie Ihre Karaffe auf den Tisch. Es lädt zum Trinken ein, wenn Sie passende Gläser und ein schönes Tablett dazu nehmen.

ABLAGERUNGEN

Es kann sein, daß sich nach einigen Stunden Ablagerungen von den Steinen an der Wasseroberfläche bilden, die jedoch völlig unbedenklich sind. Sollte Ihr Körper mehr Magnesium benötigen, so kann es sein, daß der Magnesit (der weiße Stein) sich mit der Zeit verkleinert. Nehmen Sie es als positives Zeichen!

REINIGUNG

Nach einigen Tagen - je nachdem, welches Wasser zum Ansetzen des Edelsteinwassers genommen wurde - kann es sein, daß Ihre Karaffe Ränder zeigt. Diese kommen durch die Ablagerungen. Leeren Sie Ihre Kanne, indem Sie den Rest Ihres Edelsteinwassers vielleicht für Ihre Pflanzen verwenden, und legen Sie die Steine auf ein Küchen-papier. Für die Reinigung der Karaffe empfehle ich Ihnen Essig. Er reinigt genauso gut von Ablagerungen wie Spülmittel und schont die Umwelt. Füllen Sie die Karaffe im Verhältnis 1:3 mit Essig und Was-ser. Nach einigen Stunden – die Steine können Sie inzwischen zum Aufladen wieder ins Freie legen - können Sie die Karaffe mit einem Tuch oder einer Spülbürste ohne Anstrengung von den Belägen be-freien. Danach spülen Sie die Karaffe mit klarem Wasser und legen wieder vorsichtig Ihre Edelsteine hinein.

WIRKUNG

Auf den folgenden Seiten finden Sie eine Aufstellung der Merk-male jedes Edelsteins der Kristall-Reflex-Therapie. Stein- und Heil-kundige haben eine Auswahl getroffen, die bereits in den Büchern der Hl. Hildegard von Bingen auftaucht. Durch das regelmäßige Trin-ken des Edelsteinwassers werden Sie unter anderem feststellen, daß Sie an Energie gewinnen. Die Edelsteine laden das Wasser energe-tisch so auf, daß Sie mitunter einen richtigen »Energieschub« ver-spüren werden.

Die Steine im einzelnen: Der Fluorit

Der Fluorit ist in der Lage, das Bewußtsein in die fünfte und sech-ste Dimension zu erweitern. Durch ihn läßt sich eine Meditation mühelos vertiefen und innere Stille erreichen. Gelassenheit und Har-monie werden als elementares Grundbedürfnis erkannt. Damit eröff-net sich die Energiequelle des kreativen Bewußtseins, die die Verwirklichung der von der Seele angestrebten Ziele ermöglicht. Der Fluorit gehört zu den mächtigsten New-Age-Steinen und wird dem Dritten Auge zugeordnet. Er gehört zu den Steinen, die meist von spirituell hoch entwickelten Menschen benutzt werden, weil er über sehr starke Schwingungen der entsprechenden Qualität verfügt.

Man sagt, daß der Fluorit aus einer anderen, höheren Welt hierhergebracht wurde, um den derzeit auf diesem Planeten lebenden Menschen, die nach Entwicklung und Evolution streben, den nötigen Energieschub zukommen zu lassen. Bewußt eingesetzt, potenziert er Kraft und mentale Stärke.

Die Energie und Kraft des Fluorits wird direkt an das Unterbewußtsein transferiert und regelt disharmonische Hirnströme. Er soll sogar Geisteskrankheiten lindern, weil er bestimmte Gehirnzellen »entlädt«. Das Bewußtsein wird durch die Kristall-Reflex-Therapie »geerdet«. Das hat zur Folge, daß auch die Bedürfnisse sich »erden« und bei manchen Anwendern Bescheidenheit und Demut ans Tageslicht bringen oder den Ehrgeiz auf materieller Ebene reduzieren.

Der Fluorit hilft bei regelmäßiger Anwendung, die Konzentrationsfähigkeit zu steigern. »Insider« betiteln ihn zu Recht als «Stein des Genies«, da er die geistige Entwicklung bis zum höchsten Grad fördert.

Die Farben des Fluorits

Den Fluorit findet man als Pyramide, Druse oder Oktaeder. Die unterschiedlichen Farben wirken für den Anwender gleichzeitig als Farbtherapie.

Die Fluorite enthalten alle Farben des Regenbogens und sprechen in verschiedener Weise die Psyche an:

GRÜN steht für Kreativität, Realität, Liebe zur Natur und Erdung.

VIOLETT ist die Farbe höchster Spiritualität. Sie steht für Intuition, Voraussicht, Vergebung und geistige Entwicklung. Derzeit sieht man in der blühenden Natur sehr viele Blumen in unterschiedlichen Violettönen. Das Phänomen, daß die Menschen im Übergang zum dritten Jahrtausend massive mentale Entwicklungsschübe durchleben, äußert sich auf seine Weise in der Natur.

BLAU drückt innere Ausgeglichenheit, Frieden und Harmonie aus. Wenn der Anwender in manchen Phasen seines Lebens verstärkt Schutz benötigt, mischt sich ein leichtes Grün unter die Steine bis zum hellen Türkis.

OCKER/ GELB/GOLD/ Farben, die für die Heilung des Körpers stehen. Sie aktivieren die Heilung der Drüsen, der Haut und der Verdauungsorgane. Partielle Goldtöne in den Fluoriten vermitteln dem Anwender das Gefühl inneren Wohlstands.

WEISS vermittelt Reinheit, Frische, kühle Energie. Wenn sich Ihre Fluorite immer stärker weiß verfärben, sollten Sie das Thema «Unnahbarkeit» angehen.

ROSA Entwickeln sich im Laufe der Behandlung an Ihren Fluoriten Rosaschattierungen, so ist dies ein untrügliches Zeichen dafür, daß emotionale Belange im Zusammenhang mit universeller Liebe stehen. Dabei sollte das Thema Verständnis und Toleranz mit einbezogen werden.

TRANSPARENZ Klarheit, Durchblick und Weitsichtigkeit. Transparente Fluorite fördern diese Eigenschaften.

Es empfiehlt sich, ergänzend zur Kristall-Reflex-Therapie und dem Edelsteinwasser einen Fluorit aus Ihrer Steinwanne bei sich zu tragen, weil er mentale Schübe subtil auf das Unterbewußtsein überträgt und dem Körper hilft, sich dem immer schneller werdenden Lebensrhythmus anzupassen. Dadurch ist er sehr gut für kreativ arbeitende Menschen geeignet. Aber auch reine «Kopfmenschen» profitieren von seiner Kraft.

Die oktaedrischen Formen der Fluorite entwickeln sich während ihres Wachstums. Sie verkörpern die Vollkommenheit. Oktaeder haben, egal in welche Richtung gedreht, immer eine Pyramidenform. Und Pyramiden potenzieren jedwede Energie. Die Pyramidenform wird zur Weiterentwicklung bevorzugt angewendet, weil sie zu den höchsten geometrischen Formen zählt. Wenn die Seele ihre höchste Entwicklungsstufe erreicht hat, ist dies dem Erreichen der Pyramidenspitze vergleichbar: Dann ist die Seele in der Lage, sogar kosmische Kräfte zu lenken.

Die Kraft des Fluorits

Der Fluorit, auch Flußspat genannt, ist ein Stein, der mehrere kosmische Dimensionen in sich vereint. Er besitzt den Härtegrad 4 und gehört zu den mächtigen New-Age-Steinen. Man findet den Fluorit in Spanien, England, Mexiko, den USA und vor allem in China. In China wird der Fluorit als Glücksstein getragen, weil er vor Farbenblindheit und Depressionen schützen soll.

Den Fluorit gibt es in vielen Farben des Regenbogens, aber auch in farbloser Form, was keineswegs auf mangelnde Qualität oder fehlende Energie hinweist. Es kommt nicht selten vor, daß die Fluorite in der Trinksteinmischung ihre Farben verändern und somit den Benutzern individuell die benötigte Kraft durch die Farbschwingung vermitteln, sei es mental oder physisch. Dabei spielt es keine Rolle, ob nur eine Person oder die ganze Familie das «Edelsteinwasser» trinkt. Besonders Kinder sollte man so oft sie wollen davon trinken lassen, da die Edelsteine ihnen Energie und Aufnahmefähigkeit geben.‑

Der Fluorit soll den Körper reinigen und Adern und Gefäße vor Ablagerungen und vor allem vor Verkalkungen schützen. Er beugt Karies und Parodontose vor und soll auch die Zähne festigen. Der Fluorit ist besonders hilfreich bei Knochenerkrankungen und -brüchen, Arthritis, Osteoporose und Gelenkbeschwerden. Da im Fluorit alle Farben vorhanden sind, wenn auch nicht immer mit dem bloßen Auge erkennbar, so kann z.B. das Grün das Lungengewebe unterstützen und asthmatische Erkrankungen heilen. Er schützt auch vor Allergien. Das Blau im Fluorit lindert Erkältungskrankheiten und beugt Grippe und Erkrankungen des Hals-Nasen-Ohrenbereichs vor. Auch bei Kreislaufschwäche und Schwindel hat sich das Blau des Fluorits als rasche Hilfe erwiesen. Das Gelb im Fluorit ist besonders für den Verdauungstrakt zuständig. Eine durch übermäßigen Alkoholgenuß geschädigte Leber erholt sich nach und nach, in manchen Fällen hat sich sogar das geschädigte Lebergewebe erneuert. Auch Nierenentzündungen können durch den Fluorit geheilt werden. Bluthochdruck und Wasserödeme erfahren ebenso rasche Linderung.

Die Kraft des Roten Jaspis

Der Rote Jaspis gibt Ihnen die Kraft, auch unangenehme Dinge in Angriff zu nehmen und somit die Gelegenheit, einen Schlußstrich unter Vergangenes zu ziehen. Energie und Mut liefert der Rote Jaspis schon allein durch die Rottöne. Daß diese über eine Doppelnatur verfügen, zeigt sich darin, daß sie in positiver Form Energie, Wärme und Anregungen vermitteln. Negative Aspekte sind Widerspenstigkeit, Streitsucht, Zorn, Bosheit, Destruktivität und Haß. Solche Negativ-Gefühle konzentrieren sich meist im Verdauungstrakt. Der Rote Jaspis harmonisiert diese Gefühle auf mentaler Ebene. Über längere Zeit angewandt, geht die Harmonie des Geistes auch in den Körper über und transformiert krankhafte Prozesse zu einem Gleichgewicht der Kräfte in Gesundheit.

Bereits die Hl. Hildegard von Bingen erwähnte den Jaspis als Heilstein. Der Jaspis ist einer der variantenreichsten Steine, einer von ihnen wurde sogar Hildegardjaspis genannt. Er gehört zur Quarzfamilie, und es gibt ihn in allen Farben. Meist ist er gestreift oder gesprenkelt. Man findet ihn im Schwarzwald, in Idar-Oberstein, USA, Ägypten, Indien, Australien, Brasilien und Frankreich.

In der Antike galt der Jaspis als einer der kostbarsten aller Edelsteine. Bei den Ägyptern wurde der Jaspis als Amulettstein verwendet und zu Skarabäen geschliffen. Als Stein der Krieger soll er sogar in Siegfrieds Schwert, im Knauf der Balmung, eingelassen gewesen sein. Die Römer führten mit Hilfe des Roten Jaspis den Regen herbei und vertrieben wilde Tiere, böse Geister und Dämonen. Er war bereits in der Antike und im Mittelalter sehr wertvoll.

Körperlich regt der Rote Jaspis den Kreislauf und den Energiefluß an. Mit Wasser aufgesetzt schützt er vor Magenerkrankungen, Völlegefühl, Blähungen und lindert sogar Brechreiz - bei häufigem Brechreiz sollte der Leser sich allerdings ernsthaft auch nach mentalen Ursachen fragen. Der Rote Jaspis hilft, Wasseransammlungen in den Beinen auszuschwemmen, Krampfadern vorzubeugen und lindert starke Kreuzschmerzen. Vor den Mahlzeiten getrunken kurbelt er den Stoffwechsel an und reduziert die Gefahr von Übergewicht und Bulimie. Auch werden durch den Roten Jaspis Erkrankungen der Milz, der Leber, des Magens und der Bauchspeicheldrüse gelindert und sogar geheilt. Der Jaspis verfügt überdies über blutstillende Eigenschaften und sollte in jeder »Steinapotheke« vorrätig sein.

Durch seine stark harmonisierende Wirkung transformiert er negative in positive Schwingungen, sogar negative Fremdeinflüsse werden abgeleitet. Er eliminiert Blockaden und erzeugt eine innere Harmonie und Ausgeglichenheit.

Die Kraft des Magnesits

Der Magnesit ist ein Magnesiumkarbonat mit einem Härtegrad von 4 bis 4,5. Es handelt sich hier um nahezu reines Magnesium. Es wird auch in der Arzneimittelherstellung verwendet. Die Fundorte liegen auf der Insel Elba, in Österreich, China und vor allem in Südafrika.

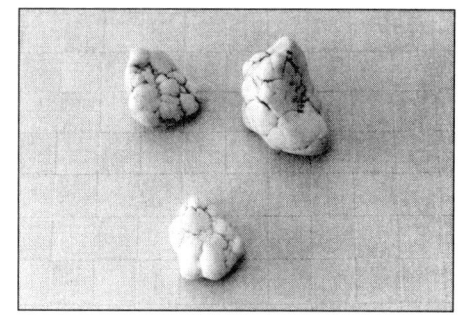

Bei den alten Griechen wurde der weiße Magnesit mit seinen marmorierten Einschüssen gerne als Schutz- und Heilstein getragen. Er erhielt seinen Namen von der Landschaft Magnesia in Griechenland. Es galt als Omen, wenn sich der Stein verfärbte: Meist war dies ein Hinweis auf ernstere Krankheiten oder Trennungen.

Die Energieströmung des Magnesits ist rechtsdrehend, und in der Kombination mit dem Fluorit, dem Roten Jaspis und dem Bergkristall erhöht er seine energetische Kraft in optimaler Weise.

Der Magnesit unterstützt den Knochenaufbau und entspannt bzw. entkrampft das Sonnengeflecht. Bei Übergewicht hat er sich bewährt, indem er den Organismus entwässert und energetisch auflädt. Gleichzeitig stärkt der Magnesit das Nervensystem, was Ruhe und Gelassenheit während der Zeit des Abnehmens und der Gesundung hervorruft. Das ist besonders wichtig für diejenigen, die unter Streß dazu neigen, mehr zu essen. Nieren, Leber und Blase werden zum Entgiften angeregt. Durch die Unterstützung des Fett- und Cholesterinabbaus ist der Magnesit bei Krampfadern und als Thromboseprophylaxe besonders hilfreich. Er beugt somit auch dem Herzinfarkt vor. Männer bewahrt er vor Problemen mit übermäßigem Körpergeruch und den Geschlechtsorganen. Auch bei Migräne hat das Trinken von Magnesit-Wasser große Erfolge gezeigt. Besonders in der Schwangerschaft ist der Magnesit sehr hilfreich, da er krampflösend wirkt und die Geburt erleichtert. Auch bei gynäkologischen Problemen hat sich der Magnesit als regulierend und schmerzlindernd bewährt. Ursprünglich wurde er bei den afrikanischen Völkern als Fruchtbarkeitsstein verehrt.

Durch regelmäßiges Trinken des Magnesit-Wassers verliert sich die übermäßige Nervenanspannung sowie Angst und Überempfindlichkeit. Damit wird eine innere Ausgeglichenheit erzeugt, die sich bei Depressionen positiv auswirkt. Das gestärkte Nervensystem und die damit einhergehende Geduld erhöhen die seelische Belastbarkeit. Die Selbstheilungskräfte werden aktiviert und eine gefühlsmäßige Kontaktaufnahme mit dem Körper gefördert. Das gestärkte vegetative Nervensystem hilft, die echten Bedürfnisse des Körpers besser wahrzunehmen und zu erfüllen. Durch die Stärkung der Psyche und der Nerven wirkt sich der Magnesit auch auf die Ausstrahlung aus. Sie ziehen Menschen an – durch Ihre Ruhe, Geduld, Gelassenheit und gesunde Ausstrahlung.

Die Kraft des Bergkristalls

Der Bergkristall ist ein klarer, reiner, farbloser und durchsichtiger Quarzkristall. Mit Trübungen wird er als Milchquarz bezeichnet. Vorkommen des

Bergkristalls gibt es weltweit, vor allem in den USA, Rußland, Namibia, Madagaskar und Brasilien. Er hat den Härtegrad 7.

Bergkristalle sind im Laufe von Jahrmillionen in Gesteinshohlräumen gewachsen. Die Griechen nannten das Mineral »Krystallos«, was «Eis« bedeutet - sie glaubten, daß der Bergkristall versteinertes Eis sei.

Wenn Druck, Temperatur und Mineralstoffangebot konstant bleiben, sind beste Voraussetzungen für einen klaren Kristall gegeben. Allerdings legen manche Kristalle Wachstumspausen ein, und während dieser Pausen lagern sich mitunter andere Stoffe auf der Oberfläche ab. Wächst der Bergkristall dann weiter, kann man an den Ablagerungen erkennen, welche Wachstumspausen er eingelegt hat. Solche Kristalle nennt man »Phantom- oder Gespensterquarze«.

Wegen seiner kraftvollen Schwingung galt der Bergkristall in vielen Kulturen als Heil- und Zauberstein. Er zählt zu den beliebtesten Steinen in der Edelsteintherapie. Die Buddhisten meditieren auf dem Weg zur Erleuchtung mit dem Bergkristall. Und: Noch heute werden Bergkristallkugeln zum Wahrsagen verwendet.

Die Hl. Hildegard von Bingen setzte den Bergkristall bei Erkrankungen der Schilddrüse und bei Augenleiden ein. Heute werden seine positiven Wirkungen auf Geist und Körper immer bekannter. Der Bergkristall hat hervorragende Eigenschaften zur Vorbeugung gegen Bluthochdruck und Arteriosklerose. Er gilt in diesen Fällen als Heil- und Reinigungsstein für die Adern und die Herzkranzgefäße. Er fördert die Durchblutung, indem er Ablagerungen löst und diese den Ausscheidungsorganen zuführt.

In Verbindung mit dem Fluorit, dem Roten Jaspis und dem Magnesit regt er den Fettstoffwechsel an und verhindert somit weitere Ablagerungen und Verschlackungen im Blut. Der Bergkristall ist unter diesen Steinen zusammen mit dem Fluorit der »kraftvolle Motor«. Gleichzeitig wird der Körper entschlackt und erfährt, weil gereinigt, ein schnelleres Sättigungsgefühl, was sich während einer Abnehm- oder Gesundungsphase günstig auswirkt. Blutdruck und Kreislauf werden stabilisiert, das Nervensystem wird ausgeglichener. Darüber hinaus hat sich der Bergkristall bei Bandscheibenproblemen, Rückenschmerzen und Diskushernien sehr bewährt. Probleme mit der Wirbelsäule sind jedoch der Ursprung vieler Krankheiten und somit ein Problem, welches immer als erstes behandelt werden sollte.

Auch bei Unterleibsbeschwerden - starken Schmerzen bei der Monatsblutung und Wucherungen - hat sich der Bergkristall als hilfreich erwiesen. Er kräftigt Drüsen und harmonisiert beide Gehirnhälften, was sich auf taube, kalte und gelähmte Körperstellen nach längerer Anwendung positiv auswirkt. Mental wirkt der Bergkristall als »Blockadebrecher«, der zu leichterer Problemlösung verhilft und dazu, verlorengeglaubte Begabungen wiederzuentdecken. Er steigert Sensibilität, Verständnis und Toleranz.

ANWENDUNGSGEBIETE
ZUM NACHSCHLAGEN

ABGESPANNTHEIT

Plötzlicher Energiemangel, wie er tagsüber oder abends kurz vor dem Ausgehen plötzlich auftritt. Sie können ihm vorbeugen, indem Sie einige Minuten über die Steine gehen und dabei ein bis zwei Gläser Edelsteinwasser trinken. Nach einigen Minuten sind Sie revitalisiert und fit für weitere Taten.

ALKOHOLKONSUM

Durch die zunehmende «Erdung» können Sie Ihren Alkoholkonsum nach und nach einschränken. Dabei werden Sie feststellen, daß Sie ein größeres Bedürfnis haben werden, den Alkohol durch das Edelsteinwasser zu ersetzen. Trinken Sie keinen Alkohol, wenn Sie kein Bedürfnis danach haben, und ersetzen Sie Langeweile und Frust durch einen »Spaziergang« auf Ihren Fluoriten. Ihre Leber wird es Ihnen danken.

ALLERGIEN

Allergien können verschiedene Auslöser und Symptome haben. Gehen Sie so lange über die Steine und trinken Sie Edelsteinwasser, bis Sie Linderung verspüren. Für diejenigen, die gerne Meditieren, empfiehlt es sich, während des Gehens über die Steine zu visualisieren, woher die Allergie kommt. Trauen Sie sich, in sich hineinzuhorchen. Vielleicht kommen Ihnen Bilder oder Gedanken, die Ihnen einen Hinweis auf den wahren Auslöser geben.

ALTERSERSCHEINUNGEN

Es liegt an jedem einzelnen, ob er trotz zunehmenden Alters an Ausstrahlung gewinnt oder nicht. Durch die körperliche Harmonisierung, die Auflösung von Blockaden und den ungehinderten Energiefluß wird das Bindegewebe besser durchblutet und straffer. Der Teint wirkt frischer, und Sie fühlen sich vitaler, was wiederum Ihrer Ausstrahlung zugute kommt.

ANGSTGEFÜHLE

Die zahlreichen physisch bedingten Ursachen der Angst sollten auf jeden Fall zunächst medizinisch abgeklärt werden. Angst kann unter anderem durch Fehlstellungen der Wirbel (was meist der Fall ist, aber oft nicht erkannt wird), Rückenmarksprobleme, hormonelle Schwankungen, Erkältungen, Infekte oder Verdauungsprobleme entstehen.

Sie sollten allerdings auch beobachten, welche Eindrücke Ihnen der Alltag hinterläßt. Haben Sie unbewältigten, stillen Kummer, Sorgen, Leid, Mitleid, oder haben Sie zu viele negative Nachrichten gehört/gesehen? Auch fremde Schicksale können oft sehr deprimierend sein und Angst in das eigene Leben bringen. Lassen Sie, während Sie über die Steine gehen, Radio und Fernseher ausgeschaltet und hören Sie angenehme Musik.

Während eines Anfalls von Angst oder Unsicherheit trinken Sie, sofern es die Umstände erlauben, ein Glas kaltes Edelsteinwasser und gehen Sie mit energischen Schritten so lange über die Steine, bis Sie das Gefühl haben, daß die Angst nachläßt. Es kann auch sein, daß Sie mit einer «Erstverschlimmerung» rechnen müssen. Diese ist nicht negativ zu bewerten, im Gegenteil, es ist ein «Hochkommen« von Verdrängtem. Gehen Sie weiter über die Steine, und wenn Sie weinen müssen, weinen Sie. Es ist Ihre Seele, die längst überflüssigen Ballast ablädt! Hören Sie auf Ihre innere Stimme, sie kann Sie seelisch nur weiterbringen. Und vor allem: Flüchten Sie nicht. Auch wenn es viel Überwindung kostet - **tun Sie das, wovor Sie Angst haben!** Aber fügen Sie sich und keinem anderen Schaden zu.

APPETITLOSIGKEIT

Morgens, mittags und abends vor den Mahlzeiten sollten Sie regelmäßig drei Minuten lang über die Steine gehen. Sollte sich der Appetit nach einiger Zeit dennoch nicht einstellen, konsultieren Sie Ihren Heilpraktiker oder Arzt.

BESENREISER

Es wurde von mehreren Patientinnen voller Freude berichtet, daß durch die Kristall-Reflex-Therapie, die sie wegen anderer Beschwerden angewendet hatten, die Besenreiser als Nebeneffekt immer weniger wurden, bis sie ganz verschwanden. Da es sich bei weiblichen Patientinnen meist um ein kosmetisches Problem handelt, ist die Kristall-Reflex-Therapie hier besonders empfehlenswert, weil sie einen eventuellen kosmetischen Eingriff verhindern kann.

CFS CHRONISCHES MÜDIGKEITSSYNDROM

Diese Krankheit hat sehr unterschiedliche Ursachen, meist ist jedoch das Immunsystem geschwächt. Die Patienten bekommen sehr hohe Vitamindosen, die ihnen zwar ein blühendes Aussehen verleihen, aber das Symptom nicht zum Verschwinden bringen. Auch hier wurden mit Hilfe der Kristall-Reflex-Therapie hervorragende Resultate erzielt.

DARMBESCHWERDEN

... die Folge unserer zivilisierten Lebensweise. Viele Menschen arbeiten heute den ganzen Tag über am Schreibtisch; Aufzüge, Rolltreppen, Autos, Busse, Bahnen tun ein übriges, man muß sich kaum noch bewegen. Abends und am Wochenende reicht die Zeit oft nur für die notwendigsten Arbeiten im Haushalt oder im Garten, die gering bemessene Freizeit wird meist sitzend vor dem Fernseher verbracht.

Der Darm verlangsamt dadurch seine Tätigkeit auf ein Minimum, und der Transport des Nahrungsbreies wird verzögert. Dadurch wird ihm mehr Wasser entzogen, der Stuhl wird zwangsläufig hart. Die meisten Menschen trinken überdies noch zu wenig, was die Problematik nicht verringert. Deshalb sollten Sie bei Darmbeschwerden jeglicher Art die Kristall-Reflex-Therapie so oft wie möglich anwenden, denn sie begünstigt die Verdauung auf natürliche Weise.

Mehr als 25 Prozent der Bundesbürger nehmen sporadisch oder dauernd Abführmittel ein. Die »Dunkelziffer« dürfte angesichts der freien Verfügbarkeit von Abführmitteln und der vorliegenden Verkaufszahlen wesentlich höher liegen. Es ist ein Tabuthema in der Gesellschaft. Viele Kristall-Reflex-Therapie-Benutzer bekamen ihre Verdauungsbeschwerden in relativ kurzer Zeit in den Griff, weil durch das Gehen auf den Fluoriten die Peristaltik des Darmes angeregt wird. Das Trinken des Edelsteinwassers ist eine hilfreiche Ergänzung. Sie werden mit der Zeit von selbst auf die Benutzung von Abführmitteln verzichten.

Noch ein kleiner Tip: Viele Darmbeschwerden haben oftmals ihren Ursprung darin, daß der Zeitpunkt, wenn der Darm sich «meldet», ungünstig ist. Nur, durch die Unterdrückung klappt es dann an diesem Tag überhaupt nicht mehr mit der Verdauung, und so werden die Bedürfnisse erst am nächsten oder übernächsten Tag erledigt. Erst, wenn die Haut anfängt, grau zu werden, und sich Bauchschmerzen oder Unwohlsein nicht mehr übergehen lassen, macht man sich Gedanken über seine Verdauung.

Ich habe vor vielen Jahren einige Tage Urlaub mit einer Freundin verbracht und kann mich erinnern, daß sie sich im Bett vor Bauchschmerzen krümmte, weil sie ihre Abführmittel vergessen hatte. Als erfolgreiches Model konnte sie nicht jederzeit auf ihre inneren Bedürfnisse hören, und sie hatte sich von Abführmitteln völlig abhängig gemacht. Also, nehmen Sie sich Zeit für die Entleerung Ihres Darms. Im Stuhl befinden sich viele Giftstoffe, die eliminiert werden müssen, bevor sie Ihren Organismus verschlacken und Sie mit der Zeit ernsthafte, irreparable Schäden davontragen. Erziehen Sie Ihren Darm!

DARMPILZE

Ärzte und Heilpraktiker konnten bei ihren Patienten beobachten, daß diese durch die Kristall-Reflex-Therapie nach und nach von hartnäckigen Darmpilzen befreit wurden. Durch die regelmäßige Anwendung der Steine wurde das Immunsystem gestärkt, und durch das Trinken des Edelsteinwassers verringerte sich der Heißhunger auf Süßes. Gegen ein starkes Immunsystem sind Pilze jedoch machtlos. Durch den Verzicht auf Süßes werden sie außerdem regelrecht ausgehungert – sie vermehren sich nämlich gerne in süßem Milieu.

DURCHBLUTUNGSSTÖRUNGEN/KALTE FÜSSE

Da Durchblutung »Leben« bedeutet, widme ich diesem Thema einige Zeilen mehr. Ohne Durchblutung kein Leben! Viele Krankheiten werden durch Durchblutungsstörungen hervorgerufen. Allein in der Bundesrepublik Deutschland leiden immerhin 25 Millionen Menschen an Venenerkrankungen. Fünf Millionen haben chronische Verläufe und bei 1,5 Millionen hat die Krankheit bereits zum offenen Bein geführt. 1993 mußten die Krankenkassen für Behandlungskosten 503 Millionen Mark ausgeben, für Arbeitsausfälle wegen dieser Erkrankungen sogar 536 Millionen Mark! Ursachen sind mangelnde Bewegung, langes Sitzen oder Stehen und Übergewicht.

Diese Zahlen sollten nachdenklich stimmen. Wenn ein Organ Mangeldurchblutung erfährt, reagiert es nach einiger Zeit mit Krankheitssymptomen, die sich bei Nichtbehandlung als chronisch manifestieren. Etwa 50 Prozent aller Todesfälle in der Bundesrepublik Deutschland sind auf eine Herz-Kreislauf-Erkrankung zurückzuführen, meist hervorgerufen durch Durchblutungsstörungen. Alle Organe benötigen eine optimale Durchblutung, damit sie ihre lebenswichtigen Funktionen erfüllen können. Im Blut werden Wasser, Salze, Hormone, Abwehrkörper und Nährstoffe transportiert. In der Lunge wird Kohlendioxid angereichert, die Organe bekommen Sauerstoff. Bei Durchblutungsstörungen können folgende Symptome auftauchen:

- Konzentrations- und Gedächtnisstörungen
- Ohrgeräusche (Tinnitus), Ohrenklingeln, Ohrensausen
- psychische Gereiztheit
- Depressionen
- Abnahme des Sehvermögens
- Abnahme des Hörvermögens
- Gleichgewichtsstörungen und Schwindel mit Fallneigung
- Schlaganfall, Migräne und Kopfschmerzen
- Vergeßlichkeit

- Herzrhytmusstörungen
- Herzmuskelschwäche
- Angina Pectoris
- Herzinfarkt
- Mißempfindung und Kribbeln in den Gliedmaßen
- »Schaufensterkrankheit«: Man muß ständig anhalten, weil die Muskeln schmerzen, sich bei kurzer Pause jedoch wieder erholen
- offene Beine
- Störungen des Schlaf-Wach-Rhythmus
- kalte Füße
- Kältegefühl und Frieren am ganzen Körper

Durch die Kristall-Reflex-Therapie werden mit jedem Schritt alle Zonen und Reflexe des Körpers zur Durchblutung angeregt. Durch diese Stimulation und durch die begleitende Bewegung wird der gesamte Organismus und Kreislauf angeregt. Durch das in allen Gefäßen und Kapillaren (Haargefäße) in Bewegung gebrachte Blut steigt die Temperatur in den Füßen und Händen. Besonders bewährt hat sich zur Durchblutungsanregung das regelmäßige »Gehen« auf den Steinen, drei Minuten lang morgens und abends. Bei Morbus Ranaud verschaffte die Kristall-Reflex-Therapie anhaltende Linderung, besonders bei naßkaltem Wetter.

ELEKTROSMOG

Auch wenn seine Existenz gerne dementiert wird, so können Sie sich mit Hilfe Ihrer Fluorite anhaltend gegen Elektrosmog schützen, indem Sie zum Beispiel jeweils einen Stein links und rechts vor Ihren Computer stellen. Während Sie in der Küche zwischen Herd (Starkstromgerät), Mikrowelle, Dunstabzugshaube, Kaffeemaschine und Warmwassergerät beschäftigt sind, sollten Sie einige Fluorite in Ihrer

Hosentasche tragen. Nach Gebrauch sollten die Steine unbedingt unter fließendem Wasser entladen werden.

FALTEN

Jeder Mensch bekommt im Laufe der Jahre Falten, sei es im Gesicht, am Hals oder am Körper. Durch Diäten mit ihrem Jojo-Effekt wird die Haut am Körper außerdem in Mitleidenschaft gezogen. Ausgedehnte Sonnenbäder, Sonnenbrände, Nikotin und übermäßiger Alkoholkonsum tun ihr übriges. Der Körper kann sich zwar wunderbar selbst regenerieren, aber wenn es ihm dann noch an ausreichendem und regelmäßigem Schlaf mangelt, ist eine frühzeitige Hautalterung nicht aufzuhalten. So gut die heutigen Cremes gegen Hautfalten sind, ein gelebtes Leben läßt sich mühelos am Gesicht eines Menschen ablesen.

Auch wenn sich an Ihrem Körper oder Gesicht bereits Falten abzeichnen, so können Sie doch mit einer gezielten Behandlung Ihren Teint etwas auffrischen. Zuerst einmal sollten Sie sich genug Schlaf gönnen. Während Sie schlafen, arbeitet Ihr Körper auf Hochtouren, um die am Tage verursachten Schäden wieder zu »reparieren«. Durch das regelmäßige Gehen auf den Fluoriten wird die Blutzirkulation und die Sauerstoffzufuhr angeregt. Von einer erhöhten Sauerstoffzufuhr profitiert Ihre Haut sichtbar. Die typisch graue Farbe verschwindet nach und nach, der Teint sieht frischer aus.

Während Sie über die Steine gehen, können Sie die Pobacken fest anspannen, den Bauch einziehen, eine gerade Haltung annehmen und gut und regelmäßig durchatmen. Der Körper merkt sich das Wohlbefinden, und Sie werden feststellen, daß Sie sich nach und nach immer anmutiger bewegen und eine bessere Haltung bewahren. Stellen Sie sich dabei vor, wie Sauerstoff in Ihre gesunden Zellen dringt und sie regeneriert. Dabei sollten Sie darauf achten, mit dem Bauch zu atmen, d.h. nicht den Brustkorb zu heben, sondern die Bauchatmung zu aktivieren.

Versuchen Sie, wenn möglich, das Rauchen einzuschränken. Ich habe gesehen, wie die Haut von Frauen, die 40 Jahre und mehr geraucht hatten, durch Einschränken des Nikotins wieder rosig erschien und auch weniger Falten hatte. Ich erwähne hier extra die Frauen, weil Frauen, auch wenn sie von der Natur eine zähere Konstitution mitbekommen haben, scheinbar schneller als Männer altern. Und vor allem, trinken Sie, und zwar soviel Sie Lust haben. Wenn Sie eine dekorative Glaskaraffe mit Edelsteinwasser bereit stehen haben, werden Sie sich wundern, wie oft das der Fall sein wird. In den anderen Kapiteln habe ich beschrieben, welche Mineralien Ihr Körper aufnimmt. Wenn Sie sich einige Zeit der Pflege Ihrer Haut von innen widmen, werden Sie feststellen, wie sich Ihre Ausstrahlung verändert und Sie sich in Ihrer Haut wohl fühlen werden.

GICHT

Gicht ist eine Stoffwechselstörung, die sich klinisch vor allem in Arthritis äußert. Meist sind Männer im Alter von 30 bis 40 Jahren betroffen. Die Nieren können das Blut nicht von den überschüssigen Purinen reinigen (das Endprodukt des Eiweißstoffwechsels). Im Blut reichert sich Harnsäure an, die in Form von Kristallen in den Gelenken und ihrer Umgebung abgelagert wird. Die schmerzhaften Gelenke (meist Großzehengrundgelenk und Hände) werden heiß, röten sich und schwellen an. Berührungen werden nicht vertragen, weil sie sehr schmerzhaft sind.

Gicht entwickelt sich in einer psychisch gestörten Sphäre, besonders bei innerem Zorn, Ärger und Aggressivität, wobei die Krankheit auch durch Kälte und Streß ausgelöst werden kann. Wenn Sie sich bei jeder Gelegenheit innerlich aufregen oder ärgern, »versauert« Ihr

Körper immer mehr. Nach einer Mahlzeit mit Komponenten, die einen Gichtanfall auslösen können, wie z.B. Innereien, Rind- und Schweinefleisch, rotes Fleisch jeder Art, Hülsenfrüchte, Zwiebeln, Auberginen, Tomaten, Paprika, Sellerie, Radieschen, Pilze, Spinat und Spargel und vor allem Alkoholgenuß, schnellen die Gichtwerte in die Höhe, so daß Sie am Morgen mit den bekannten, sehr schmerzhaften Symptomen aufwachen.

Wenn die Gicht Sie allzusehr plagt, ändern Sie Ihre Lebensgewohnheiten und versuchen Sie, den Verzehr der genannten Nahrungsmittel zu vermeiden. Vermeiden Sie vor allem Haßgefühle, die schaden Ihrem Körper regelrecht und lassen den Körper «schlechte Säfte» produzieren. Versuchen Sie, Ihre Umgebung mit Ruhe, Toleranz und Wohlwollen zu betrachten und lächeln Sie so oft wie möglich. Durch Lächeln erzeugen Sie in Ihrem Körper Basen. Denken Sie an Dinge, die Sie erfreuen, während Sie die Kristall-Reflex-Therapie anwenden. Sie werden sehen, daß Ihre Gicht bald der Vergangenheit angehört.

HEISSHUNGER AUF SÜSSES

Eventuell zunächst auf Darmpilze (Candida Albicans) untersuchen lassen. Bei regelmäßiger Anwendung der Kristall-Reflex-Therapie und des Edelsteinwassers verschwand bei vielen Patienten der permanente Heißhunger auf Süßes. Durch diesen Nährboden-Entzug wurden die Pilze regelrecht ausgehungert.

KONZENTRATIONSMANGEL

Durch das Gehen auf den Fluoriten werden beide Gehirnhälften aktiviert. Dies steigert zunehmend die Konzentrationsfähigkeit. Denkblockaden werden gelöst, man ist plötzlich mental »offen«. Eine führende japanische Kosmetikfirma läßt ihre Mitarbeiter regelmäßig barfuß über Steine laufen. Man hatte festgestellt, daß diese Technik das Denkvermögen steigerte, was sich letztendlich positiv auf den Umsatz auswirkte.

KRAMPFADERN

Krampfadern sind nicht nur ein kosmetisches Problem. Für den Fall, daß die Beine schmerzen, sich an bestimmten Stellen die Haut spannt oder sich gar heiß anfühlen sollte, ist es ratsam, schnellstmöglich einen Arzt zu konsultieren, auch bei unerklärlichen Fersenschmerzen. Krampfadern sollten **nie** massiert werden. Bei Krampfadern sollten Sie regelmäßig morgens und abends vorsichtig über die Steine gehen. Bei eventueller Sensibilität können Sie die Steine auch im Sitzen «begehen«. Die Rückmeldungen von Patientinnen mit Venenleiden waren sehr positiv. Die Beine waren nicht mehr so »schwer«.

KREISLAUFSCHWÄCHE VORBEUGEN UND BEHEBEN

Regelmäßiges Bewegungstraining kann verhindern, daß Kreislaufstörungen überhaupt aktuell werden. Der Blutfluß in den Arterien und Venen wird durch Muskelkontraktionen unterstützt. Oft ist Haarverlust an den Extremitäten ein Alarmzeichen für beginnende Kreislaufprobleme. Auch Veränderungen an den Fußnägeln, z.B. wenn sie dicker oder brüchig und schwach werden und dabei Linien bilden, sind Anzeichen für eine Kreislaufstörung.

Ihr Körper ist so alt wie Ihre Venen. Wenn Sie viel sitzen oder stehen müssen, ist die Gehbewegung zur Vorbeugung gegen Kreislaufbeschwerden optimal.

LEISTUNGSDRUCK

Nehmen Sie sich einige Minuten Zeit und gehen Sie ganz gemütlich über Ihre Fluorite. Sollten Sie im Besitz einer Meditationskassette mit Meeresrauschen sein, so lassen Sie diese laufen.

Währenddessen stellen Sie sich vor, daß Sie alle Zeit der Welt haben! Jawohl, Sie haben Zeit! Wenn Sie denken, daß der Tag mit seinen 24 Stunden für Sie kürzer ist als für andere Menschen, so irren Sie sich! Er ist genauso lang/kurz wie für alle anderen auch. Organisieren Sie sich besser, setzen Sie Prioritäten! Überlegen Sie, wieviel Zeit Sie für sich selbst benötigen. Rechnen Sie großzügig. Sie sind nicht auf dieser Welt, um gehetzt Ihr Leben zu »durchrennen«.

Seit Adam einst, durch Eva verführt, in die verbotene Frucht biß, müssen wir jeden morgen, wenn der Wecker klingelt, auch in den Apfel beißen - allerdings ist dieser oft sauer! Der arme Adam konnte sicherlich nicht ahnen, was er der «Welt» und seinen Nachfahren damit antat, sonst wäre er sicherlich standhaft geblieben und hätte woanders hineingebissen!

Arbeiten ist wichtig, aber genauso wichtig ist es, daß Sie sich Ruhe und Muße gönnen, um diese Arbeit optimal durchzuführen. Wenn Sie abgekämpft und gestreßt sind, können Sie unmöglich Ihr Bestes geben. Wenn Sie vorher die Ruhe haben zu überlegen, wie Sie Ihre Aufgaben organisieren, haben Sie die besten Voraussetzungen, das optimale Resultat zu erzielen. So mancher »workoholic« ist am ersten Urlaubstag tot umgefallen. Also machen Sie zwischendurch - wenn auch nur einige Minuten - Urlaub, gönnen Sie Ihrem Körper Ruhepausen. Trinken Sie Wasser und entspannen Sie. Sie sind nur ein kleines - wenn auch wichtiges - Rädchen im System, und wenn Sie sich so abkämpfen, nehmen Sie sich die Gelegenheit, sich zu entwickeln. Schließlich ist Arbeit eine schöne Sache, wenn sie mit Freude und echtem Engagement erledigt werden kann. Alle großen Erfinder und Menschen, die es zu etwas gebracht haben, konnten warten. Sie haben ihrem Gehirn Zeit gelassen, in Ruhe zu arbeiten. Denn bei Vielem benötigen Sie eine ungeheure Portion Geduld, weil die

Dinge reifen müssen, um sich zu entwickeln. Trinken Sie also in Ruhe ein Glas Edelsteinwasser.

Vor einiger Zeit habe ich mir angewöhnt, kurz bevor ich schlafengehe, meine »unsichtbaren Freunde, die über mich wachen«, also meine Schutzengel, zu bitten, mir einen einfacheren Weg zu ebnen, wenn ich keine Kraft mehr hatte. Probieren Sie es aus, es funktioniert!

Wenn Sie all dieses bedacht haben, steigen Sie von Ihrer Wanne herunter und Sie werden feststellen, daß sich diese Rennerei wirklich nicht lohnt. Mentale Stärke und damit bessere Leistungen erreichen Sie mit Geduld und Ruhe.

MATERIALISMUS

Materialistisch ist, wer die Materie, zum Beispiel Geld, nicht fließen lassen kann. Sie sind wirtschaftlich nur dann gesund, wenn Sie einen großen Teil Ihrer Einnahmen auch ausgeben. Dann helfen Sie auch, die wirtschaftliche Gesundheit Ihrer Mitmenschen zu erhalten.

Sobald in den Medien von einer Wirtschaftskrise berichtet wird, meint der Mensch, er müßte sein Geld zusammenhalten und horten. Damit wird die Krise größer, die Medien haben einen Zugriff auf das Kollektivbewußtsein, Panik verankert sich im Unterbewußtsein. Also halten viele ihr Geld fest, verhindern somit das »Fließen« der materialisierten Energie, und da wir alle wirtschaftlich von Ein- und Ausgaben abhängig sind, ist die angekündigte Wirtschaftskrise auch bald in vollem Gange. Somit haben die Medien recht behalten, und Sie haben kräftig mitgeholfen, diese Voraussage zu erfüllen. Doch auch Medien können sich irren. Mitarbeiter im Nachrichtenbereich leben hauptsächlich von negativen Nachrichten. Informieren sollen Sie sich auf jeden Fall, was in der Welt passiert. Aber sagen Sie sich, daß diese Nachrichten nichts mit Ihnen persönlich zu tun haben müssen. Es sind Informationen.

Lernen Sie auch beim Thema des Materialismus, sich abzugrenzen, auch wenn es in unserer heutigen Konsumgesellschaft noch immer heißt »Hast Du was, bist Du was«. Wenn man nicht viel besitzt, damit aber unglücklich ist, projiziert man gerne das Besitzenwollen auf den Körper, und der «hat dann was», nämlich Übergewicht.

Menschen, die mit Materialismus nichts im Sinn haben, sich wegen Wohlstand und finanzieller Dinge keine Gedanken oder Sorgen machen und mit dem, was sie haben, zufrieden sind, sind meist schlank oder gar sehr dünn. Oft kann man beobachten, daß das Gewicht sehr stark mit den finanziellen Verhältnissen zu tun hat («Wohlstandsbauch«).

Eine sehr elegante, betuchte alte Dame erzählte mir einst, daß sie bei vorübergehenden Geldproblemen stets ein paar Pfund zuzunehmen pflegte. War das Konto aufgefüllt und sie materiell sorgenfrei, so nahm sie wieder ab, ohne jede Anstrengung (vielleicht hatte der Körper versucht, Vorsorge zu treffen, um gut über den »Winter« zu kommen).

Trotzdem geht es im Leben nicht darum, um des »Habens Willen« soviel wie möglich anzusammeln. Das ist nicht der Sinn des materiellen Wohlstands. Auch sind wir nicht dazu geboren worden, um arm und hungernd unser Dasein zu fristen. Armut beschränkt Sie in der Möglichkeit, sich zu entwickeln, Ihrer Seele Anregung zum Lernen zu geben, um Geist und Körper zu kultivieren, zum Beispiel durch Bücher, Kurse, Vorträge, Reisen etc. Wenn Sie ständig Angst haben, arm zu sein oder sich Sorgen machen, nicht genügend Geld zu einem angemessenen Lebensunterhalt zu verdienen, so programmieren Sie Ihr Unterbewußtsein auf diese Situation. Das Unterbewußtsein folgt den Bildern und macht Ihre »Träume wahr«.

Wenn man z.B. hört, daß manche »Eingeweihte« in der Lage sind, Regen herbeizudenken, was eigentlich unvorstellbar ist, so können Sie sich vorstellen, was die Menschen mit einem kollektiven Bewußtsein alles bewerkstelligen könnten, damit die klimatischen Bedingungen sich ändern.

Gehen Sie über Ihre Steine und stellen Sie sich vor, daß Sie bereits «steinreich» sind, der Reichtum immer größer wird und Sie viele Menschen in Ihrer Umgebung damit beglücken können. Wenn Sie über zuwenig Geld verfügen, so sagen Sie sich, daß sich das ab sofort ändert, weil Sie - ohne schlechtes Gewissen - bereit sind, es im Überfluß zu besitzen, und es Ihnen herzlich willkommen ist. Diese Gedanken sollten Sie sich, während Sie sich in der Nähe Ihrer Steine aufhalten, so oft wie möglich vergegenwärtigen. Im selben Moment, in dem Sie sich entschließen, im Überfluß über materielle Güter zu verfügen, wird Ihr Unterbewußtsein alles in Bewegung setzen, um das visualisierte Bild zu verwirklichen. Alles passiert in Ihrem Kopf! Sie sind der Meister Ihrer Gedanken, Ihres Lebens und ganz allein für sich verantwortlich, Sie allein!

MÜDIGKEIT

Bei Morgenmüdigkeit hilft es, die Steine 15 Minuten **vor** dem Aufstehen unter das Bett zu stellen, und zwar in Höhe der Körpermitte. Sie werden durch die Energie der Steine eine Vitalität in sich aufsteigen spüren. Nach dem Aufstehen trinken Sie zuerst ein Glas Edelsteinwasser. Anschließend können Sie fünf Minuten wie gewohnt über die Steine gehen. Sie werden dabei feststellen, daß Sie immer wacher werden, und die Müdigkeit ist wie weggeblasen.

MULTIPLE SKLEROSE

Auch hier wird unbedingt empfohlen, regelmäßig über die Fluorite zu gehen, da bei dieser Krankheit zuallererst die Sensibilität der Füße nachläßt und der Gang unsicher wird. Auch kann die Blase oft nicht mehr kontrolliert werden. Die Kristall-Reflex-Therapie ist bei dieser Krankheit empfehlenswert, weil sie das gesamte Nervensystem stärkt. Dadurch ist auch das Immunsystem resistenter, was sich erfahrungsgemäß langfristig auf den gesamten Körper auswirkt. Die Kristall-Reflex-Therapie sollte allerdings nicht die schulmedizinische Therapie ersetzen.

NEID

Wenn Sie irgend jemanden um irgend etwas beneiden, so haben Sie eine schwere Hürde vor sich. Neid ist eine massive Blockade für die Psyche. Neid macht krank! Neid stiftet Unfrieden, zerstört Freundschaften und zählt für die Katholische Kirche zu den Hauptsünden. Neid raubt Ihren Elan und bremst Ihre Antriebskraft. Neid macht häßlich. Neid nimmt Ihnen auch Ihre positive Ausstrahlung. Während Sie über die Steine gehen, denken Sie an das Thema Neid und transformieren Sie dieses Gefühl in Zielsetzung. Sehen Sie den Neid als eine Chance weiterzukommen, Ihren Ehrgeiz anzuregen! Sie haben sicher (auch) ein Potential schlummern, das es zu entdecken gilt! Gönnen Sie den Mitmenschen, was sie haben, und freuen Sie sich mit ihnen! Und danken Sie Gott für alles, was er Ihnen auf Ihren Lebensweg mitgegeben hat - auch Sie könnten Neid bei anderen wecken. Transformieren Sie das negative Gefühl in Liebe, und Sie werden in der Lage sein zu gönnen.

PFLANZEN

Sollte Ihr Edelsteinwasser abgestanden sein, haben Sie die beste Gelegenheit, Ihren Pflanzen etwas Gutes zu tun. Ihre Pflanzen werden es Ihnen danken, wenn Sie ihnen ab und zu von dem abgestandenen Edelsteinwasser geben. Vor allem die Energie des Bergkristalls gibt ihnen Kraft. Außerdem lieben Pflanzen Wasser in Zimmertemperatur. Wenn eine Ihrer Pflanzen die Blätter hängenläßt und Mangelsymptome zeigt, legen Sie einen Fluorit auf die Erde oder mehrere rund um die Pflanze - Sie werden sich wundern, wie Ihre Pflanze darauf reagiert. Vierblättrige Kleeblätter wuchsen, nachdem sie im Garten eingepflanzt und mit Fluoriten als Dekoration umlegt wurden, wieder zu dreiblättrigen heran. Schnittblumen halten sich einige Tage länger, wenn man in die Blumenvase einige Fluorite legt.

PRIMÄR-CHRONISCHE POLYARTHRITIS (RHEUMATISMUS)

Die Ursachen der primär-chronischen Polyarthritis liegen immer noch im dunkeln. Man glaubt, daß es eine Überreaktion des Immunsystems ist, die diese Krankheit auslöst. Bei einigen Patienten, bei denen nichts mehr half, besserte sich der Gesundheitszustand durch die Kristall-Reflex-Therapie und das Edelsteinwasser von Woche zu Woche. Die Lebensqualität stieg wieder, und bei einem Patienten, der bedingt durch seine Krankheit seinen Beruf nicht mehr ausüben konnte, verringerten sich die Symptome derart, daß er seine frühere Tätigkeit wieder aufgenommen hat.

Es kann sein, daß Sie während der Kristall-Reflex-Therapie feinfühliger werden und nach dem Genuß bestimmter Speisen eine Verstärkung arthritischer Symptome, eine allergische Reaktion, Schwäche oder Müdigkeit verspüren. Es könnte ein Alarmzeichen Ihres Körpers sein, zu welchem Sie wieder inneren Zugang gefunden haben, und das Ihnen mitteilt, daß Sie bestimmte Nahrungsmittel weglassen sollten. Vielleicht lassen Sie sich von Ihrem behandelnden Arzt oder Heilpraktiker einmal aufzählen, welche Speisen auf Ihren Organismus stark toxisch wirken. Manchmal hilft das Weglassen einer bestimmten Speise, um die Beschwerden nicht zu verschlimmern.

Vorsichtiges Gehen über die Steine ist für diese Krankheit eine ideale Therapie. Die Gelenke werden nicht belastet (wie z.b. beim Joggen), und durch die Bewegung wird Ihr Körper angeregt, natürliche Substanzen wie z.b. Endorphine auszuschütten. Endorphine helfen, den Arthritisschmerz zu lindern und rufen ein allgemeines Gefühl des Wohlbefindens und der Erleichterung hervor. Bewegen Sie sich möglichst regelmäßig und wenn es geht, mehrmals täglich, um diese chemischen Substanzen und die Beweglichkeit Ihrer Gelenke auf gleichmäßigem Niveau zu halten.

Da Ihre Fluorite Sie auch mental harmonisieren, können Sie sich während dieser Therapie außer der Ernährung und Bewegung auch der schwierigsten Aufgabe widmen: Ihrer Einstellung zum Leben und zur Krankheit. Ich sage in diesem Fall bewußt nicht »zu Ihrer Krankheit«. Jedesmal, wenn Sie eine blockierende, negative, schmerzhafte und vor allen Dingen pessimistische Gedankenform entwickeln, sagen Sie sich bewußt und laut in Ihrem Kopf **STOP!** Und hören Sie auf, Gedanken, die Sie in negative Stimmung versetzen, zu denken! Geben Sie Ihrem Körper die Chance, sich aus zunehmender Starre zu mehr Beweglichkeit zu befreien. Denn Ihr Geist baut Ihren Körper auf und ist aber genauso an Krankheiten beteiligt, zum Beispiel, wenn man dauernd an sie denkt!

SCHLAFLOSIGKEIT

Bei Schlaflosigkeit trinken Sie ein Glas Edelsteinwasser. Das Wasser sollte Zimmertemperatur haben oder lauwarm getrunken werden.

Überprüfen Sie außerdem, ob Sie Ihr Bett auf eine Wasserader gestellt haben. Ihre Wirkung läßt sich bei manchen Menschen durch die Steinwanne beheben.

SCHUPPENFLECHTE - PSORIASIS

Ursprünglich wurde die Kristall-Reflex-Therapie, wie sie hier beschrieben wurde, von Heinz-Udo Vitz aus Köln entdeckt. Er litt seit vielen Jahren unter einer Schuppenflechte. Sie war am Hals, unter den Achselhöhlen, an den Oberschenkelinnenseiten, Beinen, Füßen und Ellenbogen verbreitet. Die Füße schmerzten beim Gehen, und seine Hände mußte er unter Handschuhen verbergen, weil die Haut ständig aufplatzte und alles voller Blut war, wenn er etwas anfaßte. Er probierte alle möglichen Therapien aus, ließ Salz vom Toten Meer kommen, nahm Sonnenbäder und trug überall großzügig Kortisonsalbe auf. Nichts half - es wurde im Gegenteil immer schlimmer. Bis er durch Zufall eines Tages die Heilkraft der Steine und die Fußreflexzonenmassage miteinander kombinierte.

Er ging nun regelmäßig monatelang über die Steine. Ich brauche nicht zu betonen, daß sich seine ganze Umgebung über ihn lustig machte, aber er ließ sich nicht beirren und machte weiter. Nach etwa einem halben Jahr war er von seinem Leiden befreit.

Auf diese außergewöhnliche Heilmethode wurde sogar der Fernsehsender RTL aufmerksam und lud Herrn Vitz in zwei aufeinanderfolgenden Jahren in eine Talkshow von Hans Meiser ein, um vor dem Publikum über seine Heilung zu berichten. In den folgenden Jahren wandten sehr viele Menschen die Kristall-Reflex-Therapie insbesondere für diese Krankheit an, und die Rückmeldungen über die Erfolge reißen nicht ab.

Das Wichtigste bei dieser Therapie ist die Regelmäßigkeit der Anwendung. Die Krankheit hat eine lange Zeit gebraucht, sich zu entwickeln, und auch wenn es Ihnen besser geht, sollten Sie die Behandlung fortsetzen. Kontinuität ist bei dieser Therapie ausschlaggebend.

Schuppenflechte ist in der heutigen Zeit ein Hautleiden, das sich immer mehr verbreitet. Es ist keine Krankheit an sich, sondern ein Zeichen des Körpers, daß er versucht, sich von negativer Energie zu befreien. Diese kann sich durch Spannungen, Ängste und Probleme noch verschlechtern, und wenn der Patient beim Anblick seiner Haut mit negativer Gedankenenergie reagiert, so reagiert die Haut nochmals mit einer Extraportion der Symptome. So bildet sich ein Teufelskreis.

Wenn die Schuppenflechte sich bereits bis zu Ihren Fußsohlen ausgebreitet haben sollte, so sollten Sie am Anfang dünne Socken tragen oder Küchenpapier auf die Steine legen. Durch die Fußreflexzonen-Massage wird das Immunsystem angeregt, gleichzeitig kann es unter Umständen zu einer Erstverschlimmerung kommen. Während Sie über die Steine gehen, versuchen Sie, sich zu entspannen. Denn Ihre Spannungen muß letztlich Ihre Haut ertragen, also gönnen Sie ihr etwas Gutes.

STOFFWECHSEL

Der Körper «verbrennt» je nach Bedarf eine bestimmte Anzahl an Kalorien, auch während der Ruhepausen. Dies nennt man den Grundumsatz. Bereits einige Bewegungen steigern den Kalorienbedarf. Wenn Sie regelmäßig rasch auf den Steinen gehen, so verbrennen Sie zusätzlich Kalorien. Sobald der Stoffwechsel durch Bewegung angekurbelt wurde, erhöht sich der Grundumsatz und bleibt noch eine Weile erhöht. Wird der Stoffwechsel regelmäßig durch Bewegung angekurbelt, so bleibt der Grundumsatz konstant erhöht. Nehmen Sie nun bei erhöhtem Grundumsatz die gleiche Kalorienmenge wie üblich auf, so reduziert sich Ihr Gewicht.

STRESS UND UNRUHIGES LEBEN

Noch nie war ein Wort so in aller Munde wie der Streß. Nicht nur Manager und Hausfrauen leiden unter Streß, sondern auch Schulkinder stehen bereits unter immer größerem Druck. Viele Schulkinder verfügen bereits unter einem so vollen Terminkalender, daß mancher Manager anerkennend nicken würde. Schule, Nachhilfe, Hausaufgaben, Musikunterricht, Sportverein, Veranstaltungen, Einladungen, Ferienjobs sind nur am Rande zu erwähnende Verpflichtungen. Vom ersten Schultag bis zum Eintritt in die Rente und oft lange Zeit danach ist der Mensch unter permanentem Zeit- und Leistungsdruck.

Berufstätige leiden immer häufiger unter vegetativen Dystonien, d.h. nervösen Herzbeschwerden, außerdem Kopf- und Magenschmerzen etc. In den letzten Jahren macht sich der unerträgliche Tinnitus verstärkt unter den Menschen breit. Für Kinder ist es besonders schlimm, wenn sie bereits Kopfschmerztabletten wie Bonbons einnehmen müssen und unter nervösen Magenbeschwerden leiden. Wie oft hat Ihr Kind »Bauchweh«, bevor es zur Schule gehen muß, aus Angst, es nicht zu schaffen? Die Zeit ist schnellebig geworden, und um nicht »hinterherzuhinken«, muß man seinen Organismus optimal unterstützen, um allen Anforderungen gerecht zu werden.

Vor allem die Frauen überschreiten heute oftmals die Grenzen ihrer Kräfte. Sie wollen wirtschaftliche Unabhängigkeit und Selbstverwirklichung durch ihren Beruf, ohne dabei Familie, Haushalt und gesellschaftliche Verpflichtungen zu vernachlässigen. Eine Frau, die heute neben drei wohlgeratenen Kindern eine berufliche Tätigkeit, einen tadellos geführten Haushalt, eine intakte Ehe und dabei noch ein durch Sport und viel Disziplin attraktives Äußeres vorweisen kann, wird von der Gesellschaft gelobt und bewundert oder auch beneidet. Daß diese übermenschliche Leistung auf Kosten ihrer Gesundheit geht, interessiert niemanden. Gönnen Sie sich rechtzeitig

Pausen für Erholung und Regeneration, tanken Sie auf und stärken Sie bewußt Ihre Kräfte. Sie selbst tragen die Verantwortung dafür.

SÜSSIGKEITEN

Je mehr Süßigkeiten Sie essen, desto größer wird der Heißhunger auf mehr. Ich erinnere mich, daß ich mir als Kind schwor, später als Erwachsene soviel Süßigkeiten zu essen, wie ich Lust hätte, und beneidete meine Schulkameradinnen, die immer Süßigkeiten bei sich hatten und ohne Einschränkungen aßen. Nun bin ich »groß« und habe viel dazugelernt. Die meisten von uns wurden als Kinder mit Süßigkeiten belohnt, beschenkt, auch an Weihnachten, Ostern, am ersten Schultag, Geburtstag etc. Leider machen Süßigkeiten nicht nur dick, nein, sie vergrößern das Verlangen nach mehr, weil sie ein »totes Nahrungsmittel« ohne jeden Nährwert sind.

Würde sich ein Mensch ausschließlich von Süßigkeiten ernähren, wäre seine Haut bald fahl, und er würde völlig unterernährt an Mangelerscheinungen leiden. Der Körperumfang würde dabei jedoch immer mehr zunehmen, während er tatsächlich verhungern würde! Auch wenn Sie von Süßigkeiten nicht zunehmen, versuchen Sie, weniger davon zu essen. Sie werden feststellen, daß das Verlangen danach immer weiter abnimmt. Irgendwann werden Sie an einer Kuchentheke oder einem Süßigkeiten-Regal vorbeigehen und keinerlei Appetit verspüren. Ihre gesunden Instinkte sind dann auf dem Vormarsch!

VERDAUUNG

Gerade bei Verdauungsproblemen wurden mit der Kristall-Reflex-Therapie die besten Ergebnisse erzielt. Vor den Mahlzeiten empfiehlt es sich, ein großes Glas Edelsteinwasser zu trinken. Nach den Mahlzeiten sollten Sie sich regelmäßig die Zeit nehmen, auf den Steinen zu gehen. Die Bewegung vollbringt wahre »Wunder«.

VERSPANNUNGEN

Die Kristall-Reflex-Therapie befreit den Körper von Verspannungen und beschleunigt den Transport toxischer Stoffe. Sie bringt den Organismus ins Gleichgewicht und erhält somit seine Gesundheit. Verspannungen deuten aus der Sicht der östlichen Medizin auf Stagnation und blockierte Energieströme. Der Energiefluß der Nervenbahnen, Meridiane, Lymph- und Blutgefäße ist blockiert. Mit der Kristall-Reflex-Therapie können solche Blockaden aufgelöst werden bevor innere Organe durch Mangel an Energie in Mitleidenschaft gezogen werden. Die Ursache von Verspannungen sind unter anderem Bewegungsmangel, falsche, einseitige Ernährung, emotionaler Streß, Sorgen und Frust.

Während Sie über die Steine »gehen«, konzentrieren Sie sich auf die verspannten Bereiche und stellen sich vor, wie sich die Muskulatur immer mehr lockert und warm wird. Dann stellen Sie sich vor, wie Sie sich immer mehr lockern. Dabei sollten Sie negative Gedanken verbannen. Sie fördern nur die Verspannung.

WADENKRÄMPFE

Locker und kontinuierlich auf den Steinen gehen und dabei das Edelsteinwasser - mindestens ein Glas vor jeder Mahlzeit, trinken. Es empfiehlt sich, die Mineralstoffversorgung zu überprüfen und sich evtl. auf Würmer untersuchen zu lassen.

WARZEN

Warzen kommen im allgemeinen recht häufig vor, da sie durch einen Virus entstehen. Dieser Virus scheidet, sobald er sich in Ihrem Körper befindet, ein Enzym aus, das Ihr Immunsystem daran hindert, ihn zu entdecken. So produziert es keine Antikörper, und der Eindringling nistet sich bequem ein. Da der Körper meiner Meinung nach eine eigene Intelligenz besitzt, setzt er ein zweites Waffensystem ein und umgibt den Virus mit einem Gemisch aus Hautzellen oder Gewebswucherung, so daß sein Weiterwachsen behindert wird. Der Virus jedoch schickt Tochterzellen aus, die sich um diese Gewebswucherung sammeln. Dies sieht dann unter dem Mikroskop betrachtet aus wie ein Blumenkohl mit kleinen roten Fäden bzw. Arterien, die die Warze mit Nährstoffen versorgen.

Vielleicht gehören Sie zu den 80 Prozent, bei denen die Warze innerhalb von zwei Jahren von selbst verschwindet. Mit der Kristall-Reflex-Therapie haben Sie aber auch die Möglichkeit, die Warze aktiv zu «verabschieden». Geben Sie etwas Edelsteinwasser in ein kleines Gefäß, nehmen Sie einen Pinsel und bestreichen mit der Flüssigkeit die Warze. Dabei visualisieren Sie, wie das Edelsteinwasser die Antikörperreaktion stärkt und Sie mit dem Pinsel Ihrem Körper helfen, die Wucherung wegzustreichen. Am besten führen Sie diese Prozedur regelmäßig einmal in der Woche an einem bestimmten Tag zu einer bestimmten Stunde aus. Ihr Körper gewöhnt sich an diese »Sonderbehandlung« und wird sich verstärkt um die Beseitigung der Störung bemühen.

WASSERADERN

Sie sollten vermeiden, über Wasseradern zu schlafen, zu essen oder zu arbeiten. Sollte sich Ihre Wohnung oder Ihr Haus jedoch über einer dieser Wasseradern befinden, können Sie diese auf Ihren Organismus negativ wirkende Kraft durch die Anwendung von Fluoriten neutralisieren. Sie brauchen nur die Steinwanne unter Ihr Bett zu stellen (aber nur, wenn Sie nicht unter Schlaflosigkeit leiden, denn die Steine geben Energie ab). Auch unter Ihrem Stuhl, am Computer, oder wo auch immer sich »Störfelder« befinden, können Sie die Fluorite aufstellen. Denken Sie dabei aber immer an das «Entoden» unter fließendem Wasser!

WASSERTRETEN

Es gibt einige Kurhotels in Deutschland, die Fluorite in ihre Tret-
becken legen. Kurgäste beschrieben das Gehen über die Steine wie
einen Spaziergang im Meer, wobei neben der Akupressur durch die
Farben der Fluorite die entsprechende farbenenergetische Wirkung
erfolgt. Außerdem wird durch das Gehen im Wasser die Muskulatur gefestigt und gekräftigt und der ganze Körper in Schwung gebracht.

WUTANFÄLLE

Wenn Sie wütend sind, stellen Sie sich auf Ihre Steine, gehen Sie
so schnell Sie können und lassen Sie Ihre Wut ab. Wenn es Ihnen
besser geht, nehmen Sie die Wanne, spülen Sie die Steine unter lau-
warmem Wasser ab und stellen Sie sie an die frische Luft und in die
Sonne.

Die Steine nehmen Ihre Wut auf, und Sie «entladen» diese Wut
wiederum durch das Ausspülen. Somit kanalisieren Sie Ihre Wut,
verlieren aber trotzdem keine Energie, im Gegenteil, mitunter wird
sie noch gesteigert: Der negative Anteil ist »entladen«, was bleibt,
ist wertvolle Energie, die Sie dazu benötigen können, etwas zu erle-
digen, was Sie viel Kraft kostet oder nicht besonders mögen. Stellen Sie sich Ihr Potential in so transformierter Form vor - was können Sie in dieser Welt noch alles verändern!

ZÄHNE/ZAHNFLEISCHERKRANKUNGEN

Zahn- und Zahnfleischprobleme können durch Mineralstoff- oder
Vitaminmangel entstehen. Auch eventueller Pilzbefall kann die Ursache sein. Durch das Trinken des Edelsteinwassers erhalten Sie hilfreiche Mineralien (Magnesit, Fluorit), die Sie beim »Steinetreten«
auch über die Haut aufnehmen können.

ZITTERN

Meist ist Zittern auf eine Mineralstoffunterversorgung zurückzuführen, lassen Sie sich von einem Arzt oder Heilpraktiker untersuchen. Durch das Trinken von Edelsteinwasser unterstützen Sie Ihren Organismus mit wichtigen Mineralien. Auch das Parkinsonsche Zittern kann durch die regelmäßige Anwendung der Kristall-Reflex-Therapie gemildert werden. In diesem Fall sollten Sie die Füße beim Gehen auf den Fluoriten langsam und gründlich abrollen, von den Fersen zu den Zehen.

DIVERSE STATEMENTS

Auf den nächsten Seiten sind einige Textstellen aus Dankschreiben abgedruckt:

Frau Klara J. aus Wegberg

Mit diesem Brief möchte ich Ihnen dafür Dank sagen, daß Ihr Produkt mir sehr geholfen hat. Mein persönliches Wohlbefinden hat sich erheblich gebessert, seit ich regelmäßig die Kristall-Reflex-Therapie anwende und über diese tollen Steine gehe. Meine Durchblutung ist wieder einwandfrei, die Störungen sind schnell verschwunden, meine Kopfschmerzen, Verspannungen usw. sind ebenfalls gänzlich durch die Anwendung verschwunden. Die schnellste Wirkung zeigte sich schon nach drei Tagen der Anwendung, meine Verdauungsstörungen sind seitdem restlos beseitigt, ich bin begeistert. Für mich als Frau war es eine tolle Überraschung, daß ich nach nur wenigen Wochen der Anwendung ca. 12 kg Gewicht verloren habe, und das, ohne daß ich mich in meiner Ernährung umstellen mußte.

Daß man so einfach abnehmen kann, war mir gar nicht bewußt, und daß Ihr Produkt mir einige gesundheitliche Probleme beseitigt hat, ist schon toll. Und alles auf natürliche Art und Weise, ohne störende Nebenwirkung und dabei noch gesund zu werden und der

Gesundheit vorzubeugen, das ist ein Dankeschön wert. Nun empfehle ich begeistert Ihre Kristall-Reflex-Therapie weiter, mittlerweile sind mir viele Bekannte für diese Empfehlung ebenfalls sehr dankbar. Nochmals herzlichen Dank, ein Tip von mir: Machen Sie doch einmal Fernsehwerbung dafür.

Frau Renate R. aus Bergheim

Die Kristall-Reflex-Therapie gehört zu meinem Leben wie Essen, Trinken und Schlafen. Nachdem ich meinen »Steinchenlauf« hinter mir habe, fühle ich mich fit und aktiv. Leichte Kopfschmerzen und Müdigkeit sind im Nu verflogen.

Ich leide seit meiner Kindheit an der sogenannten Fischschuppenkrankheit (Ichtyosis-vulgaris). Meine Haut schuppte sich ständig, besonders an Armen, Beinen und Rumpf. Seitdem ich die Kristall-Reflex-Therapie regelmäßig anwende, hat sich die Haut zusehends gebessert. Die Schuppenbildung ist fast weg, und ich habe jetzt eine weiche, glatte Haut. Was auch sehr lästig für mich war, waren die eingeschlafenen Hände bzw. Arme während der Nacht. Heute habe ich keine Probleme mehr damit, dank der Kristall-Reflex-Therapie (nach ca. einem Monat). Bei Streß und psychischer Belastung (Scheidung) bin ich ausgeglichener und nicht mehr so reizbar (nach ca. zwei Monaten). Das größte Problem ist für mich mein Übergewicht. Ich habe schon etliche Diäten gemacht (Trenn-Kost, Reis-Diät usw.) und auch schon Appetitzügler genommen. Ich verlor zwar an Gewicht, aber kaum hatte ich die Diät beendet und normal gegessen, nahm ich wieder zu. Ich konnte mein abgenommenes Gewicht nicht halten. Seitdem ich über die Steine laufe, habe ich in einem halben Jahr zehn Kilo abgenommen. Es geht zwar nicht schnell, aber ich kann meine Eßgewohnheiten beibehalten und nehme trotzdem weiter ab. Ich möchte so lange weitermachen, bis ich mein Wunschgewicht erreicht habe.

116

Die Kristall-Reflex-Therapie möchte ich nicht mehr missen. Es ist so einfach, sich mit wenig Zeitaufwand so wohl und fit zu fühlen. Ich bin begeistert von dieser Therapie und kann sie von ganzem Herzen weiterempfehlen.

Frau Helene B. aus Köln

Als ich von Ihrer Kristall-Reflex-Therapie hörte, war ich, ehrlich gesagt, sehr skeptisch. Da sie meiner Freundin aber beim Abnehmen so sehr geholfen hatte, habe ich es dann auch ausprobiert, da mich laut Tabelle 24 Kilo Übergewicht plagten. Nach den ersten zehn Tagen regelmäßiger Anwendung (je dreimal täglich fünf Minuten) bewegte sich nichts, und ich bekam sogar einige Pickel. Trotz Enttäuschung machte ich weiter, kam mir aber dabei manchmal etwas komisch vor und war voller Skepsis. Ab der dritten Woche des «Steinetretens» und Wassertrinkens bemerkte ich, daß ich nicht nur eineinhalb Kilo abgenommen hatte, einfach so, sondern daß das Bindegewebe an Oberschenkel, Po, Bauch und Hüften fester geworden war und die gesamte Haut eine schönere Farbe bekommen hatte. Das hatte ich bei meinen zahlreichen anderen Diäten so nicht feststellen können.

Auch mit dem Trinken des Edelsteinwassers war das die ersten Tage nicht so einfach, weil ich nie gerne Wasser getrunken habe. Aber nach einigen Tagen hatte ich mich daran gewöhnt, so daß ich mir auch eine Flasche Wasser ins Geschäft mitnahm. Ich fühlte auch, wie gut mir das tat. Ich bin in einer Bäckerei beschäftigt und gerate durch die Kuchen und Teilchen vor meiner Nase ständig in Versuchung. Mein Mann, der überrascht war, was ich wieder einmal für ein Wundermittel gegen meine überflüssigen Pfunde einsetzte, versuchte dann nach einigen Wochen ebenfalls diese Therapie, weil er durch sein jahrelanges Rauchen Probleme mit der Durchblutung in den Beinen hatte. Es tat ihm gut, weil es in den Beinen angenehm kribbelte und er das Gefühl hatte, daß sich etwas tut.

Nun sind seit dem ersten Tag, wo ich diese Edelsteinwanne zu Hause anschleppte, zehn Monate vergangen und ich schreibe Ihnen, um auch anderen Mut zu machen, es einmal mit der Edelstein-Therapie zu versuchen. Ich habe inzwischen 17 Kilo mühelos abgenommen und fühle mich jugendlich und voller Schwung.

Mein Mann hat komischerweise, nachdem er das Zigarettenrauchen immer mehr reduzierte, dann plötzlich ganz damit aufgehört, weil er, wie er sagte, einfach keine Lust mehr dazu hatte. Seine Beine sind auch nicht mehr so oft eingeschlafen, er fühlt sich sehr wohl, und seine Haut sieht nicht mehr so grau aus.

Unsere beiden Kinder haben es sich angewöhnt, eine Woche lang vor einer Klassenarbeit zweimal täglich drei bis vier Minuten über die Steine zu gehen, weil sie festgestellt haben, daß sie weniger nervös sind und auch entspannter denken können, wie sie sagen.

Eine Zimmerpflanze, die einen traurigen Anblick bot, wurde durch das Edelsteinwasser wieder zum Blühen gebracht.

Pius Vögel, Landhaus bei Pius im Allgäu, Oberstaufen

In meinem Landhaus bei Pius wird außer der inzwischen weit über Deutschland hinaus bekannten Schrotkur auch die makrobiotische Reiskur durchgeführt. Die Kuren werden als offene Badekuren von den Krankenkassen bezuschußt. Als Herr Vitz mir seine (durch Presse und Fernsehen bekannt gewordene) Kristall-Reflex-Therapie vorstellte, rannte er bei mir offene Türen ein. Mit fernöstlichen Heilmethoden und Gedankengut vertraut, sehe ich in diesem «Edelsteinwasser» und dem Gehen auf den Edelsteinen aus der chinesischen Provinz Jilin die ideale Ergänzung, nicht nur für die Dauer der Kur, sondern auch einen wunderbaren Energiespender später für zuhause. Frau H.G. aus F. hat als Kurgast dieses Angebot auf die Probe gestellt und war nach kurzer Zeit so voller Energie, daß sie die Menge des Edelsteinwassers von 2 auf 0,75 Liter reduzieren konnte.

Frau Katharina S. aus Tönisvorst

1. Blutdruck gesenkt
2. Fersensporn beseitigt
3. Nebenhöhlen-Verstopfung beseitigt
4. Erkältungskrankheiten <u>erheblich</u> gebessert
5. Reizgalle geheilt
6. Erheblich leistungsfähiger und aktiver
7. Erholsamer Schlaf
8. Verdauungsbeschwerden haben nachgelassen

Die Wirkung bei Nr. 3, 4, 6, 7 erfolgte schon nach fünf Tagen, bei 1+8 nach nur vier Wochen und bei Nr. 2 nach sechs Monaten der Anwendung. Die Kristall-Reflex-Therapie gehört jetzt zu meiner täglichen Körperpflege. Nachdem ich morgens über die Steine gelaufen bin, fühle ich mich frisch und wach. Rückenschmerzen, leichtes Kratzen im Hals (Raucher), Kopf- oder Gliederschmerzen sind verschwunden.

Dem täglichen Berufsstreß - ich arbeite in drei Schichten, Früh-Spät- und Nachtdienst sowie an Wochenenden und Feiertagen - bin ich bedeutend besser gewachsen. Psychische Belastungen bereiten mir keine schlaflosen Nächte mehr. In der Winterzeit war ich keinen ständigen Erkältungen mehr ausgesetzt und hatte auch keine kalten Füße und Hände mehr. Was ich zur Zeit als besonders positiv empfinde, ist, daß ich trotz tropischer Temperaturen in Arbeitsräumen und Autos, was bei mir ständig feuchte Haare und Kleidung zur Folge hat, kreislaufstabil und aktiv bin. Die Beseitigung eines Fersensporns, der äußerst schmerzhaft war, hat zwar ein halbes Jahr gedauert, dafür konnte ich aber auf jede ärztliche Behandlung, Medikamente etc. verzichten. Die Kristall-Reflex-Therapie kann ich aus vollem Herzen weiterempfehlen. Ich bin froh, mit dieser Methode etwas gefunden zu haben, was meiner Gesundheit so förderlich ist.

Herr Werner B. aus E.

ich habe sehr gute Erfahrungen mit der Kristall-Reflex-Therapie gemacht, durch konsequente Anwendung jeden Tag! Nach nur zwei Monaten habe ich einen vorhandenen Fersensporn sowie meine Gallenbeschwerden verloren.

Frau Renate L. aus W.

Die Anwendung der Kristall-Reflex-Therapie übertraf all meine Erwartungen. Nach zahlreichen operativen Eingriffen, u.a. Totaloperation, stellte sich bei mir im nachhinein eine Schwäche sämtlicher Organe ein. Dazu entwickelte sich eine Arthrose, und ich bekam auch Probleme mit meinen Venen. Nächtliche Wadenkrämpfe, Schwellungen an den Beinen, anhaltend kalte Füße, Taubheitsgefühl in den Zehen, zahlreiche Blockaden machten mir das Leben schwer.

Seitdem ich die Kristall-Reflex-Therapie anwende, bin ich in der Lage, von Mal zu Mal meine Beschwerden besser in den Griff zu bekommen. Die Durchblutung funktioniert wieder, ein Kräfte- und Wärmegefühl hat sich eingestellt, kein Taubheitsgefühl ist mehr spürbar. Meine Sinne hellen sich durch die Therapie auf, mein Gemüt wird froh und das Denken zuversichtlich.

Einen gravierenden Erfolg hatte ich mit dem Edelstein-Trinkwasser. Zwei Jahre lang war meine Nase verstopft, ich war auf schleimhautabschwellende Sprays angewiesen, da keine Behandlung dem lästigen Übel abhalf. Schon nach dem ersten Trinken von Edelsteinwasser verspürte ich eine Atemerleichterung. Nach drei Tagen war ich auf Grund intensiver Anwendung des Wassers meine Nasenbeschwerden los, ich konnte wieder frei atmen. Welch eine Wonne! Ich beziehe die Steine in mein Leben ein - ohne die Kristall-Reflex-Therapie kein Wohlbefinden.

Frau C. aus M.

Nach vier Wochen mit der Kristall-Reflex-Therapie ging meine Allergie am Bein, teilweise offen, zurück. Morgens bin ich schneller fit.

Frau Marianne S. aus Köln

Ich habe keine müden Beine mehr, habe eine frische und bessere Konzentration, keine Rückenschmerzen mehr beim Bügeln, und ich habe eine bessere Haltung bekommen.

Frau Rosemarie aus M.

Durch die regelmäßige Anwendung der Kristall-Reflex-Therapie hat sich meine Nierentätigkeit verbessert, ich habe keinerlei Verdauungsstörungen mehr, habe jetzt außerdem eine bessere Durchblutung, meine Kreislaufstörungen sind behoben.

Da ich unter Übergewicht leide, kann ich Ihnen von einem besonderen Nebeneffekt berichten. Seitdem ich die Kristall-Reflex-Therapie anwende, habe ich einen außergewöhnlichen Gewichtsverlust (27 kg) zu verzeichnen, ist das normal? Ich find's phantastisch, ich bin glücklich, da ich nichts an meiner Eßgewohnheit verändert habe, ich habe immer normal weitergegessen.

IHR PERSÖNLICHES
ARBEITSPROGRAMM

Es wäre nicht ausreichend, wenn Sie nach dieser Lektüre das Büchlein einfach zuklappen und dann ab und zu über Ihre Steine gehen würden. Mit diesem Programm möchte ich Sie dazu motivieren, Ihre Erfolge zu verzeichnen - damit Sie sehen, daß es wirkt!

Zunächst tragen Sie Ihr Gewicht ein. Am besten wiegen Sie sich unbekleidet. Dann tragen Sie ebenso den Umfang der Brust, Taille, Hüften und Oberschenkel ein. Auf einem separaten Blatt können Sie Probleme und Hoffnungen eintragen, die Ihren körperlichen Bereich betreffen.

Auf einem anderen Blatt tragen Sie Eigenschaften ein, die Sie ablegen möchten, weil sie Sie am Weiterkommen behindern. Ebenso können Sie Pläne, Ziele und ganz persönliche Hoffnungen eintragen. Die Ziele sollten bitte realisierbar sein und Sie ganz persönlich betreffen.

Da Sie sicherlich nicht die Zeit haben, jeden Tag ihre Erfolge einzutragen, sollten Sie sich überlegen, an welchem Tag in der Woche Sie regelmäßig eine halbe Stunde für sich persönlich einrichten können. Dafür sollten Sie sich Zeit nehmen. Vergegenwärtigen Sie sich Ihre physischen und mentalen Fortschritte.

KÖRPERGRÖSSE: _____   **ALTER:** _____

GEWICHT: _____   **WUNSCHGEWICHT:** _____

WOCHE	GEWICHT	WOCHE	GEWICHT
1. Woche		16. Woche	
2. Woche		17. Woche	
3. Woche		18. Woche	
4. Woche		19. Woche	
5. Woche		20. Woche	
6. Woche		21. Woche	
7. Woche		22. Woche	
8. Woche		23. Woche	
9. Woche		24. Woche	
10. Woche		25. Woche	
11. Woche		26. Woche	
12. Woche		27. Woche	
13. Woche		28. Woche	
14. Woche		29. Woche	
15. Woche		30. Woche	

ERREICHTE GEWICHTSREDUZIERUNG:_____

MASSTABELLE

	Beginn	Kontrolle	Kontrolle	Veränderung
DATUM				
BRUST				
TAILLE				
HÜFTE				
OBER-SCHENKEL				

GESAMTVERÄNDERUNG _____

BEISPIEL:

	Beginn	Kontrolle	Kontrolle	Veränderung
DATUM	15.1.99	15.2.99	15.3.99	x x x cm
BRUST	127,6 cm	119,4 cm	114,4 cm	- 13.2 cm
TAILLE	117,5 cm	112,4 cm	110,4 cm	- 7,1 cm
HÜFTE	167,6 cm	162,6 cm	159,4 cm	- 8,0 cm
OBER-SCHENKEL	91,4 cm	85,7 cm	83,7 cm	- 7,7 cm

GESAMTVERÄNDERUNG   **- 36,0 cm**

In der folgenden Befindlichkeitsliste können Sie Ihre aktuellen Beschwerden eintragen und die Besserungen mit Datum notieren. Die meisten Ursachen der Beschwerden sollten Sie jedoch bitte vorher mit Ihrem Arzt besprechen.

Achtung: Die Kristall-Reflex-Therapie ersetzt nicht den Besuch beim Arzt oder Heilpraktiker! Bei eventuellen Kriegsverletzungen (Splitter usw.) sollte unbedingt ein Arzt zu Rate gezogen werden. Da dies eine natürliche Methode ist mit dem Zweck, die Selbstheilungskräfte zu aktivieren, sollte eine bestehende medikamentöse Behandlung nicht ohne Rücksprache mit dem Arzt oder Heilpraktiker abgebrochen werden.

BEFINDLICHKEITSLISTE:

	Beginn	3. Monat Kontrolle	6. Monat Kontrolle
❏ Abgespanntheit	❏	❏	❏
❏ Angstgefühle	❏	❏	❏
❏ Alkoholkonsum	❏	❏	❏
❏ Allergien	❏	❏	❏
❏ Alopezie (Glatzenbildung)	❏	❏	❏
❏ Anspannung, innere	❏	❏	❏
❏ Apoplex (Schlaganfall)	❏	❏	❏
❏ Atemnot	❏	❏	❏
❏ Ausschlag	❏	❏	❏
❏ Asthmaleiden	❏	❏	❏
❏ Augenleiden/Sehstörungen	❏	❏	❏
❏ Appetitlosigkeit	❏	❏	❏

	Beginn	3. Monat Kontrolle	6. Monat Kontrolle
❏ Bandscheibenprobleme	❏	❏	❏
❏ Bettnässen	❏	❏	❏
❏ Beinbeschwerden	❏	❏	❏
❏ Beine, offene	❏	❏	❏
❏ Besenreiser	❏	❏	❏
❏ Bronchitis	❏	❏	❏
❏ Bulimie (Eß-Brech-Sucht)	❏	❏	❏
❏ CFS (Schlafkrankheit)	❏	❏	❏
❏ Diabetes	❏	❏	❏
❏ Claudicatio intermittens (Schaufensterkrankheit)	❏	❏	❏
❏ Darmbeschwerden	❏	❏	❏
❏ Darmpilze	❏	❏	❏
❏ Depressionen	❏	❏	❏
❏ Durchblutungsstörungen	❏	❏	❏
❏ Durchfall	❏	❏	❏
❏ Ekzeme	❏	❏	❏
❏ Energielosigkeit	❏	❏	❏
❏ Ermüdungen	❏	❏	❏

	Beginn	3. Monat Kontrolle	6. Monat Kontrolle
❏ Erkältungsanfälligkeit	❏	❏	❏
❏ Fettleber	❏	❏	❏
❏ Fingernägel (Brüchigkeit)	❏	❏	❏
❏ Füße, kalte	❏	❏	❏
❏ Füße, eingeschlafene	❏	❏	❏
❏ Füße, geschwollene	❏	❏	❏
❏ Gewichtsprobleme	❏	❏	❏
❏ Gelenkschmerzen	❏	❏	❏
❏ Muskelschmerzen	❏	❏	❏
❏ Gicht	❏	❏	❏
❏ Grauer Star	❏	❏	❏
❏ Hämorrhoiden	❏	❏	❏
❏ Hühneraugen	❏	❏	❏
❏ Harninkontinenz	❏	❏	❏
❏ Heuschnupfen	❏	❏	❏
❏ Haare, feuchte	❏	❏	❏
❏ Hände, kalte	❏	❏	❏
❏ Hände, eingeschlafene	❏	❏	❏
❏ Hände, geschwollene	❏	❏	❏

	Beginn	3. Monat Kontrolle	6. Monat Kontrolle
❑ Haltungsstörungen	❑	❑	❑
❑ Heißhunger auf Süßes	❑	❑	❑
❑ Ischias (Hexenschuß)	❑	❑	❑
❑ Jähzorn	❑	❑	❑
❑ Juckreiz	❑	❑	❑
❑ Klimakterium (Wechseljahre)	❑	❑	❑
❑ Kreislaufstörungen	❑	❑	❑
❑ Konzentrationsmangel	❑	❑	❑
❑ Krampfadern	❑	❑	❑
❑ Leistungsdruck	❑	❑	❑
❑ Menstruationsprobleme	❑	❑	❑
❑ Migräne	❑	❑	❑
❑ Morbus Bechterew	❑	❑	❑
❑ Morbus Scheuermann	❑	❑	❑
❑ Müdigkeit/Mattigkeit	❑	❑	❑
❑ Multiple Sklerose	❑	❑	❑
❑ Nikotin-Probleme	❑	❑	❑
❑ Nasenbluten	❑	❑	❑
❑ Nervenbeschwerden	❑	❑	❑

	Beginn	3. Monat Kontrolle	6. Monat Kontrolle
❏ Nachtschweiß	❏	❏	❏
❏ Nervosität	❏	❏	❏
❏ Obstipation	❏	❏	❏
❏ Ödeme (ärztl. abklären)	❏	❏	❏
❏ Ohrensausen (Tinnitus)	❏	❏	❏
❏ Osteoporose	❏	❏	❏
❏ Panik, plötzliche	❏	❏	❏
❏ Parodontose	❏	❏	❏
❏ Potenzstörungen	❏	❏	❏
❏ Prostatabeschwerden	❏	❏	❏
❏ Rheuma	❏	❏	❏
❏ Sexuelle Schwäche	❏	❏	❏
❏ Spielsucht	❏	❏	❏
❏ Suchtprobleme allgemein	❏	❏	❏
❏ Schlafstörungen	❏	❏	❏
❏ Schuppenflechte	❏	❏	❏
❏ Schweißfüße	❏	❏	❏
❏ Sodbrennen	❏	❏	❏
❏ Sonnenallergie	❏	❏	❏

	Beginn	3. Monat Kontrolle	6. Monat Kontrolle
❏ Sportlerherz	❏	❏	❏
❏ Stottern	❏	❏	❏
❏ Stirnhöhlenentzündungen	❏	❏	❏
❏ Streßbedingte Beschwerden	❏	❏	❏
❏ Überlastung	❏	❏	❏
❏ Übelkeit	❏	❏	❏
❏ Unfruchtbarkeit	❏	❏	❏
❏ Verdauungsprobleme	❏	❏	❏
❏ Verspannungen	❏	❏	❏
❏ Vertigo (Schwindel)	❏	❏	❏
❏ Vitalität	❏	❏	❏
❏ Völlegefühl	❏	❏	❏
❏ Wadenkrämpfe	❏	❏	❏
❏ Wetterfühligkeit	❏	❏	❏
❏ Wutanfälle	❏	❏	❏
❏ Zahnbeschwerden/lose Zähne	❏	❏	❏
❏ Zahnschmerzen	❏	❏	❏
❏ Zuckerkrankheit	❏	❏	❏
❏ Sonstige Störungen	❏	❏	❏

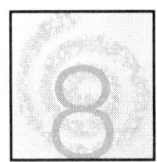

ZUM SCHLUSS:
Die Kristall-Reflex-Therapie KURZGEFASST

WIE WIRD DIE Kristall-Reflex-Therapie RICHTIG ANGE-
WENDET?

Die Kristall-Reflex-Therapie PIUSONA besteht aus einer Kunst-
stoffwanne, gefüllt mit sechs Kilo Fluorit-Mineralsteinen aus China. Anwendung: Zuerst reinigen Sie Ihre Fluorite unter laufendem
Wasser und legen sie zur energetischen Aufladung ein bis zwei Tage
ins Freie.

Zu Ihrer Gesunderhaltung genügt es, wenn Sie täglich regelmäßig
morgens und abends zwei bis drei Minuten lang auf Ihren Steinen
gehen. Sollten Sie dabei am Anfang leichte Schmerzen empfinden,
decken Sie die Steine mit einem dünnen Tuch oder Küchenpapier ab.
Wenn mehrere Familienmitglieder über die Steine gehen, ist nichts
dagegen einzuwenden, wenn Sie aber Fremde über Ihre Steine gehen lassen, so ist es aus Gründen der Hygiene ratsam, Küchenkrepp
zu unterlegen und die Wanne nach Gebrauch durchzuschütteln.

Zum Abnehmen oder zur Behandlung von Beschwerden empfiehlt es sich, täglich zwei- bis dreimal mindestens zehn Minuten

lang die Kristall-Reflex-Therapie anzuwenden. Die Regelmäßigkeit ist wichtig für den Erfolg der Therapie. Ihre Geduld wird zwar gefordert, aber nach ein bis zwei Monaten sehen Sie, daß sich der Aufwand gelohnt hat.

WAS SIND WIN WINGS?

WinWings sind mit Edelsteinen gefüllte Nature-Walk-Sohlen, mit denen Sie die Kristall-Reflex-Therapie ergänzen oder, zum Beispiel im Urlaub, ersetzen können. So lassen Sie Ihre Fußsohlen wieder spüren, was es heißt, mit der Natur auf Tuchfühlung zu sein. Wenn Sie über die Steine gehen, aktivieren Sie ein Urgefühl.

Die Edelsteine haben durch ihre Farben und Mineralien eine in jeweils bestimmter Weise stimulierende Wirkung auf Ihre Fußreflexzonen. Der Gesamtstoffwechsel wird positiv beeinflußt.

Hervorragende Ergebnisse zeigten sich insbesondere bei Kindern hinsichtlich der Streßbewältigung und des allgemeinen Wohlbefindens. Auch bei berufstätigen Menschen mit vorwiegend sitzenden oder anderen die Wirbelsäule belastenden Tätigkeiten haben sich die WinWings bewährt. Durch das konsequente Gehen auf den Steinen strafft sich die Bauch- und Rückenmuskulatur, was sich wiederum vorbeugend und lindernd auswirkt.

Von den Anwendern wurden die besten Erfolge erzielt, wenn man WinWings anfangs dreimal täglich fünf bis zehn Minuten »begeht«. Je nach individuellem Wohlbefinden können Sie die Anwendung steigern.

Über die Autorin

Esther Bresinski, geb. 1952 in Bordeaux, ist Heilpraktikerin und befaßt sich seit etwa zehn Jahren mit alternativer Medizin, insbesondere mit der Homöopathie, der Blütentherapie, der medizinischen Heilhypnose, dem Heilen mit Klängen, mit Rückführungen und Gesprächstherapie. Ihr Anliegen ist es, daß Menschen »autonom ihren Weg finden und sich mit weniger Krisen dem Wandel der Zeit stellen«.

Bei folgender Adresse können Sie die WinWings und die Edelsteinwanne inklusive Trinksteinmischung beziehen:

PIUSONA
Udo Vitz
Ellernheck 12
54669 Bollendorf
Tel.:   0 65 26/ 84 72
Fax: 0 65 26 / 93 51 66

Esther Bresinski

Eifelblüten

Neue Heilessenzen für Körper und Seele

Originalausgabe
160 Seiten
DM 14,90
öS 109,-- / sFr 14,--

ISBN 3 548 35924 8
BS-WGS 2462
Erscheint: ab Mai 2000
Ullstein Taschenbuch

Traditionell werden schon seit Hunderten von Jahren in vielen Kulturen die positiven Energien von Blüten genutzt. Heute existieren Verfahren, welche die ausgleichende Kraft der Blüten erhalten. Eifelblütenessenzen sind nach diesem Prinzip aus wildwachsenden Pflanzen zubereitet und von höchster Qualität. Dieser neuartige Ratgeber informiert umfassend über die hier nur in Insiderkreisen bekannten Eifelblüten, deren positive Auswirkung auf die Psyche vielfach beobachtet werden konnte: Bergahorn z.b., der gegen Stagnation und Unzufriedenheit mit der eigenen Lebenssituation hilft, oder Löwenzahn, der große Anspannungen im körperlichen und emotionalen Bereich lindert. Die zehn Blütenessenzen sind als Öle und zum Aufsprühen auf die Haut in Apotheken erhältlich.

Carmen Schüle

Handlesen
leicht gemacht
Der schnelle Charakterspiegel

ISBN 3-931652-46-7
200 Seiten · vierfarbig · gebunden
DM 33,00

Mit diesem Buch haben Sie die Möglichkeit in die Hohekunst des Handlesens einzusteigen. So kann die Hand Veranlagungen und Begabungen preisgeben. Das Handlesen führt zu vertiefter Selbsterkenntnis und hilft auch das Wesen anderer Menschen besser zu ergründen. In Abbildungen werden alle wesentlichen Handmerkmale erklärt.

Otto Höpfner

Die feinstoffliche
Strahlungsenergie
Erkennen, verstehen, nutzen

ISBN 3-931 652-20-3
broschiert, 136 Seiten, DM 19,80

Der Ingenieur Otto Höpfner erklärt die physikalischen Hintergründe der feinstofflichen Energien und gibt Hinweise, wie man sich diese für seine Gesundheit und sein Wohlbefinden nutzbar machen kann.

Dick Nijssen

Spirituelle Erkenntnis-Karten

Die Karten können Dir als Unterstützung und Bezugspunkt auf Deiner spirituellen Reise dienen. Die beste Wirkung erzielst Du mit diesen Karten, wenn Du alles über das Thema, in das Du mehr Einsicht haben möchtest, mit einem oder mehreren Menschen sprichst. Wenn Du alles ausgesprochen hast, ziehst Du eine Erkenntniskarte und vertraust den anderen an, was sie tief in Dir bewegt.

ISBN 3-931652-69-6
78 Karten
DM 19,90

Kurt Tepperwein

Dein spirituelles Check Up

Durch die Tests, die Tepperwein aus langjähriger Praxis heraus zusammengestellt hat, erfassen wir spontan unsere individuelle Situation mit unseren speziellen Fähigkeiten und Schwächen. Tepperwein benutzt in den Tests viele archetypische Bilder, durch die wir Zugang zum Unterbewußtsein bekommen.

Ein Buch für jeden, der mit einfachen und wirksamen Mitteln seine Mitmenschen und sich selbst besser und umfangreicher verstehen und erfahren möchte.

ISBN 3-931 652-20-3
broschiert, 160 Seiten, DM 19,80

ISBN 3-931652-50-5
196 Seiten · broschiert
DM 26,80

Kurt Tepperwein

Ewige Weisheiten

Nutzen Sie Ihre kreativen Gedanken

Dieses Buch ist eine Hilfe, die Wahrheit in sich zu finden; die ewige Weisheit, die die kosmische Ordnung sowie die »Geistigen Gesetze« erkennen läßt. Es ist ein Angebot des Lebens, eine Chance sich selbst zu erinnern. Es birgt eine ganz persönliche Botschaft, sich, das Leben, und den Sinn des eigenen Lebens zu erkennen. Es zeigt das Ziel allen Seins und die Wahrheit, die in allem liegt auf und hilft jedem Menschen endlich der zu werden, der er in Wirklichkeit ist und immer war.

ISBN 3-931652-49-1
128 Seiten · broschiert
DM 24,80

Roland Geisselhart

Astrologie im All-Tag

Wie man sich von den Sternen helfen läßt

Dieses Buch ist eine Hilfe zur Stärkung der erwünschten astralen Einflüsse und zum praktischen Verständnis der Weisungen der Sterne, um die positiven Konstellationen seines persönlichen Horoskops für sich zu nutzen. Die Planeteneinflüsse alleine machen noch kein Schicksal unabänderlich. Wer sich von den Äusserlichkeiten des Alltags so gut wie möglich löst, kann ein großes Stück innerer Freiheit erlangen. Auf dieser Basis werden die Sterne rasch zu Freunden, die den Alltag zum All-Tag werden lassen. Wir selbst können durch gezielte Impulse den Lauf der Dinge beeinflussen.

ISBN 3-931 652-17-3
gebunden, 304 Seiten,
DM 33,00

Jean-Marie Paffenhoff

Die Engel Deines Lebens
Wie Du mit ihnen Kontakt aufnimmst

Ein Buch über unsere drei unterschiedlichen Schutzengel und darüber, wie wir mit ihnen in Verbindung treten können.

Es werden die Zusammenhänge der Schutzengel zur Bibel, zur Kabbala und zum hebräischen Alphabet erläutert.

Der Autor gibt außerdem eine Einführung in das System der Kabbala mit Meditationstechniken.

ISBN 3-931 652-40-8
broschiert, 200 Seiten,
49 Karten mit Box,
DM 24,80

Marta Cabeza

Tag für Tag mit den Engeln

»Tag für Tag mit den Engeln« wurde als Ergänzung zum Kartenspiel »Mit den Engeln spielen« konzipiert.

»Mit den Engeln spielen« ist ein Kartenspiel der Verwandlung. Es hilft uns, unsere Alltagswirklichkeit bewußt zu erleben, indem es uns mit unserer inneren Stimme bzw. unserem „inneren Engel" verbindet. Dadurch bekommen wir die große Chance, Vergangenheit und Zukunft zu verändern, zu Gunsten einer bewußt gelebten Gegenwart, voller Liebe und stets geleitet durch unsere Intuition.

» E L F E N H E L L F E R «

Format 10x15cm · broschiert · 80 Seiten · illustriert · DM 8,90 ISBN 3-854 66-00 (   )

Sei gut zu Dir

Der originale Bestseller, der die Elfenhellfer-Bewegung ursprünglich ausgelöst hat. Echte Selbstliebe beginnt mit der An-Erkenntnis, daß jeder von uns Gottes schöpferische Handarbeit ist. (0-6)

Lasse Dir Zeit

Handfeste Ideen für Leute, die immer in Eile sind: Zur Wiedergewinnung dessen, was Du bereits besitzt: Zeit, genügend Zeit. Geleitet zu einem entspannteren, friedvolleren Gebrauch der Zeit. (4-9)

Bleib guten Mutes

Für all jene, die sich alltäglichem Ungemach und Rückschlägen gegenübersehen. Wundervolle Elfenhilfe, den Geist wieder aufzurichten und trotz der rauhen Seiten des Lebens zu lächeln. (3-0)

Dein inneres Kind Erinnern

Augenfällige Ermutigungen, Dich auch als Kind wahrzunehmen, geliebt und glücklich und fähig, als begabtes Kind Gottes Dein Leben mit Zuversicht zu lenken. (1-4)

Ein einfacheres Leben

Dieses Büchlein bietet einen Weg mitten durch die Ver-wicklungen unseres komplexen Lebens hin zur Wiederentdeckung seiner einfacheren Freuden und Geschenke. (2-2)

Loslassen im Annehmen

Inspirierende Texte und einnehmende Illustrationen führen den Leser sanft in Richtung einer lebensbejahenden, heilenden Sichtweise und Einstellung. (5-7)

Die zweiten 6 von 34 Elfenhellfern:

Sei gut zu Deinem Körper (06-5) **Feiere Dein Frau-Sein** (08-1)

Sei gut zu Deiner Ehe (07-3) **Alles Gute zum WiederGeburtsTag** (09-X)

Vertraue Deiner Trauer (11-1) **Spiele Dich Frei** (10-3)